LIBRAIRIE

DE

L'ÉDITION NATIONALE

*****

LA VIE

DE

CASERNE

PAR

GEORGES COURTELINE

COMPOSITIONS DE HENRI DUPRAY

PARIS

ÉMILE TESTARD, ÉDITEUR

ARMAND MAGNIER, Successeur

18, RUE DE CONDÉ, 18

LA VIE

DE CASERNE

JUSTIFICATION DU TIRAGE

50 exemplaires sur papier du *Japon*, numérotés de 1 à 50, avec triple suite des eaux-fortes.

30   —   —   de *Chine*, numérotés de 51 à 80, avec double suite des eaux-fortes.

1000   —   —   *vélin du Marais.*

GEORGES COURTELINE

LA VIE
DE CASERNE

Compositions originales de Henri DUPRAY

PARIS

ÉMILE TESTARD, ÉDITEUR

ARMAND MAGNIER, Successeur

18, RUE DE CONDÉ, 18

1896

SOUVENIRS ET IMPRESSIONS

A Armand Silvestre.

1

SOUVENIRS ET IMPRESSIONS

I

Les grands froids me ramènent dix ans en arrière; ils mettent autour de mon souvenir la vision de la chambrée le matin : masse d'ombre où s'indiquent vaguement, en taches imprécises, blêmes à peine, les croisées vierges de rideaux qu'enjolive un frêle dépoli de floraisons artificielles. Les genoux ramassés dans le creux de l'estomac, la couverture ramenée jusqu'aux franges des cils comme le traditionnel

manteau d'un conspirateur d'opérette, j'écoute
le silence du dehors, ce silence d'où s'est retiré
le souffle de vie des atomes mêmes, et dont
augurent si mal les pauvres frileux !

Quelle heure ?

Le bien-être que je goûte m'engourdit dans
des lâchetés. Le courage me manque de décou-
vrir mon bras, d'enflammer une allumette et
de consulter ma montre qui grignote sous mon
traversin. D'ailleurs j'ai peur — rien qu'à y
songer, j'en défaille !... — que l'instant ne soit
imminent, de l'abominable RÉVEIL ! Ces nuits
qui n'en finissent plus, qui attendent pour se
souiller d'aube que l'aiguille de la pendule ait
accompli le tiers de son parcours, mentent
comme des femmes prises sur le fait. Leur
accalmie est pleine de pièges, leur bercement
est plein de traîtrises : à peine les croit-on enta-
mées qu'on les voit tout à coup blêmir, planer
au-dessus des maisons en crépuscules décolorés.
Je le sais et je m'en persuaderais, si ma crainte
d'entendre soudain le trompette sonner dans la
cour la fin de cette nuit de décembre si bien-
faisante à mon corps fatigué, ne se compliquait
de l'absurde espoir qu'elle durera éternelle-
ment !... C'est que je le connais, le Réveil ; je

sais ce qu'il vaut, pour en avoir goûté. Oui,
je sais sa tristesse affreuse; les grognements
étouffés de ceux qui s'habillent là-bas, on ne sait
où, sans lumière; et leurs furieux « Nom de
Dieu! » tandis qu'ils cherchent leurs musettes
et que se bute leur main hésitante à la rudesse
d'un fourreau de sabre; et le vacarme de coups
de sabots tapés au fer des châlits, et le traînail-
lement des semelles sur le plancher; et les
« Pressons-nous!... » du brigadier de peloton.
Déjà celui-ci est debout. Aveugle, il va par les
ténèbres. De sa dextre écartée, il touche les
pieds de lit au passage, et s'il vient à heurter
de ses doigts le relief arrondi d'un mollet qui
s'immobilise et fait le mort, il s'étonne, s'ar-
rête, s'assure :

— Eh là!... Eh là!... Y a de l'erreur!

Sous le tripoté de la main qui le pétrit comme
du mastic, le coupable mollet se dérobe; et, immédiatement, chambard!...

— Bon Dieu! Qui c'est qui couche là? Vous
aurez deux jours salle police! Allez! debout!...
A la corvée!

D'instant en instant, la porte s'ouvre et re-
tombe, lâchant des coups de soufflet glacials.
Derrière elle, gredin embusqué, l'hiver m'attend

pour me prendre à la gorge, me mettre un bâillon sur la bouche, m'arracher le nez et les oreilles... Hélas! qui me rendra les grasses matinées au côté de ma chère maîtresse? Qui me rendra vos voluptés, paresse! les délicieux engourdissements en les bonnes chaleurs du dodo qu'a parfumé le dormir d'un jeune corps, ce pendant que la clarté blanche des belles gelées égaye la chambre à coucher et que le feu qui crépite dans la cheminée se reflète en délicates roseurs sur le parquet ciré et blond?

Or, comme je pense : « C'est la nuit!... j'ai encore des heures devant moi, » soudain, non loin, un froissement de draps :

— L'homme de chambre!... Eh! l'homme de chambre !...

Et aussitôt, de toutes parts, ce sont d'autres voix qui appellent :

— L'homme de chambre, au caoudji !

Ah! misère!... J'en étais sûr!...

C'est alors l'écurie sinistre, où glissent, dans l'ombre, d'autres ombres charriant de lourdes civières. Car, ici encore, règne la nuit. Une heure entière s'écoulera avant que se détachent sur l'aurore les demi-lunes encrassées de poussière qui marquent l'emplacement de chaque box et

qu'un rayonnement de ferrures découpe en parts
de galette. A droite, à gauche, en des éloigne-
ments ténébreux que troue l'étincelle d'une lanterne silencieusement promenée, s'accomplit on
ne sait quel travail inavoué et mystérieux.

Des tapes résonnent à des croupes ; des voix
s'exclament : « Hue là, donc ! » Moi, c'est bien
simple, je tombe de sommeil.

Plus loin que leurs dernières mamelles, près
de leur sexe, entre leurs cuisses, les juments
ont un coin de chair nue, rose et chaud comme
l'aisselle chaude et rose d'une fillette. J'y loge
mes mains gourdes de froid, qui sont là ainsi
qu'en des moufles, et, avide de dormir un peu,

je repose mon front aux flancs tièdes de ma bête.
Elle, complaisante, consent et se prête; mais
brusquement, au même instant où s'assoupit ma
lassitude, une main se pose à mon épaule ; sur
l'éblouissement du falot qu'élève vers mes yeux
le sous-officier de semaine, se réveille mon rêve
commencé.

— Qu'est-ce qu'y fout là, celui-là? braille le
maréchal des logis. Est-ce qu'il ne dort pas sur
les chevaux?... Vous aurez quat' jours salle police.

Mauvais souvenirs!... Soyez pourtant les bien-
venus : vous êtes ma jeunesse lointaine!

II

Une figure, aussi, restée étonnamment présente à ma mémoire : la sœur Sainte-Apollinaire, qui, à l'hôpital militaire de Bar-le-Comte, me fit avaler tant de remèdes pour me guérir d'un mal... dont je n'étais pas atteint.

La sœur Sainte-Apollinaire n'était pas de ces poétiques religieuses faites pour laisser en le souvenir des amoureux sentimentaux une mélancolie destinée à les suivre jusqu'au sépulcre. Du tout. C'était un de ces êtres qui, tout en n'étant pas des hommes, disent, affirment, hurlent, proclament, démontrent jusqu'à l'évidence, l'absurdité qu'il y aurait à essayer de voir en eux des femmes : équivoques produits échappés, un jour que ça ne marchait pas, à la main hésitante d'un Créateur pas sûr de lui. Une fois que je l'avais surprise rebouclant sa jarretière

2

tombée, j'aperçus, plus haut que son soulier,
son bas tendu sur son mollet, et bien que j'eusse
dans la peau des chastetés exaspérées, ce spectacle me laissa froid. C'est que la sœur était
dépourvue de tout charme. Essentiellement pure,
parcelle de Dieu lui-même, il semblait qu'elle
n'eût pas reçu ce don de joyeux avènement
dont le diable dote, à leur naissance, les per-
sonnes du sexe féminin. On nous eût pu coucher tous les deux dans le même lit : j'eusse
dormi près d'elle, je le jure, d'un sommeil
calme et introublé — avec la seule inquiétude
de heurter par hasard mes fesses au marbre désolé et encombrant des siennes. Sous l'auvent de
sa coiffe blanche, son rouge et reluisant visage
était comme une pomme d'api entrée dans un
cornet de papier, et l'on ne pouvait, en vérité,
entendre le son de sa voix sans que les yeux se
mouillassent de larmes, tellement son accent
alsacien évoquait le souvenir cuisant de nos
revers ; un accent extravagant, où revivaient
et Mulhouse, et Colmar, et Strasbourg qui pos-
sède une belle cathédrale, et Phalsbourg cher
aux cœurs d'Erckmann-Chatrian, et Schlestadt,
patrie de ma femme de ménage.

Or une chose rendait admirable, mettait hors

de comparaison, la sœur Sainte-Apollinaire : elle
avait toutes les vertus. Je dis « toutes », et si je
dis « toutes », ce n'est pas, je supplie que l'on
me croie, en vue de procéder par le grossisse-
ment et d'imposer de force une idée flatteuse
des mérites de cette sainte fille. Je puis ques-
tionner ma mémoire : je ne vois pas qu'il lui
en manquât. Au milieu du sans-gêne impu-
dique des soldats elle allait, cuirassée de can-
deur, sourde et aveugle, forte de son âme imma-
culable ; mais surtout elle stupéfiait par sa
patience angélique .— de laquelle, avec votre
permission, je donnerai l'aperçu que voici.

Le règlement en vigueur à l'hôpital de Bar-
le-Comte, au temps où la touchante ignorance
des médecins y médicamentait ma flemme, exi-
geait le coucher des « fiévreux » à huit heures ;
en sorte que, régulièrement, à l'instant où huit
heures sonnaient, c'étaient, par les escaliers, les
coups de sabots de ces messieurs butant du pied
dans les degrés et gagnant sans hâte le dortoir
où la sœur les attendait. Alors venait le mono-
tone appel : « Le Un !... Le Teux !... le Trois !...
le Quatre !... » (car, à l'hôpital comme au bagne,
l'homme n'est plus qu'un matricule). Les fiévreux, eux, à tour de rôle :

— Présent! répondaient-ils. Présent !

Chaque fois ils enluminaient le mot de pittoresques variations tantôt graves tantôt, aiguës, mais toujours, à l'appel : « le Tix!... », répondait un morne silence.

C'est que le Dix, il faut bien le dire, était un Dix récalcitrant, qui se moquait du règlement et ne voulant pas s'aller coucher, spéculait de gaieté de cœur sur l'inaltérable indulgence de la sœur Sainte-Apollinaire. Sans doute il en avait le cœur dévoré de remords cuisants... ; pourtant il spéculait quand même, attardé qu'il était à jouer au foutro en société avec les « blessés » sur une table du réfectoire.

La sœur, cependant, insistait ; deux, trois, quatre fois :

— Le Tix! appelait-elle. Le Tix!

Mais comme le Dix restait muet, et pour cause, elle disait :

— Le Tix n'est pas là. Il est encore resté à chouer, c'est la même chose tous les chours.

Là-dessus, elle couchait ses « fiéfreux », elle disait : « Che descends; ne faites pas de pruit, » et en effet elle descendait, et elle poussait doucement la porte du réfectoire, et le Dix, occupé à distribuer alternativement des cartes et des

coups de foutro, entendait soudain dans son dos
une voix constater, pleine de calme :

— Vous êtes là, Tix.

Il ne s'abaissait pas à nier.

— Oui, ma sœur, répondait-il.

Puis, solennel, scandant ses mots de tapes
formidablement appliquées dans la paume offerte
d'un des joueurs :

— « Faute faite. Faute à payer. Rien à ré-
clamer. Réclamez-vous ? »

— « Oui, je réclame. »

— « Eh bien, c'est parce que... »

— Au lit, Tix ; interrompait la sœur Sainte-
Apollinaire.

— Oui, ma sœur.

Et grave comme le Conseil des Dix :

— « Eh bien, c'est parce que, tout à l'heure,
en déconsignant M. Lefoutro, vous lui avez
heurté la tête au bois du banc. — Pan ! Pan !
Pan ! voilà pour votre main coupable. Par l'ordre
du roi, je reconsigne M. Lefoutro et en avant
le jeu ! »

A l'instant même :

— « Halte au jeu ! » vociférait le touchant
unisson des blessés tandis que leurs dextres
tendues s'allongeaient vers le banc de bois blanc

où reposait M. Lefoutro sous les apparences
d'un mouchoir tordu en forme de matraque.
Maintenant c'était au tour du Dix de présenter
sa main coupable. Il l'avançait crânement, les
doigts en pente douce, pressés les uns contre
les autres, résigné à la bastonnade. Il recevait
sa volée sans broncher; au traditionnel « Réclamez-vous? » il déclarait : « Oui, je réclame, »
et ajoutait, plein de fausse soumission : « Oui,
ma sœur, » car la sœur Sainte-Apollinaire insistait : « Allons, Tix ; au lit! »

Elle gardait sa lampe allumée, qui brûlait, la
flamme pâlie, dans la grande clarté de la salle.
Elle ne se décourageait pas. Derrière le dos du
Dix qui s'était tranquillement rassis et qui se
remettait au jeu, elle demeurait immobile, suivant du regard, sans comprendre, les allées et
venues des carreaux et des cœurs, avec l'idée
que sans doute la partie touchait à sa fin et que
le Dix, dans moins d'un instant, allait se lever,
se coiffer du bonnet de coton dont s'encapuchon-
nait au-dessus de sa tête un champignon porte-
manteau et souhaiter le bonsoir à la compagnie.
Ouat!... Il se levait, en effet, le Dix; oh! c'est
une justice à lui rendre : il se levait à chaque
minute... mais toujours, hélas, pour le mauvais

motif, en allongeant une main vengeresse vers
le foutro qu'il déconsignait une fois de plus.

— « Halte au jeu! »

Ses espoirs rasés :

— Tix, au lit ! prononçait d'une voix non

impatientée la sœur Sainte-Apollinaire.

A quoi le Dix :

— Oui, ma sœur.

Et de nouveau les coups de matraque sonnaient au creux des mains tendues. Et neuf
heures sonnaient ; puis la demie. De temps en
temps, la sœur disparaissait, montait voir ses
fiévreux couchés, les soupçonnant fort capables

de profiter de son absence pour faire les poli-
chinelles et se battre là-haut, à coups de tra-
versins. Un instant éclipsée, elle reparaissait,
toujours imperturbable et sereine.

— Allons, Tix.; au lit !

— Oui, ma sœur.

Bonne fille !... Quand elle avait usé un éche-
veau de longanimité, elle en entamait un
second.

Je la revois comme si elle était là.

C'est pourtant vrai, qu'elle luisait comme une
lanterne vénitienne.

III

Devant les écuries de l'escadron de dépôt dont se dressaient les échines aiguës sur la tristesse d'un ciel de novembre lourd de neige, les bleus s'alignaient coude à coude : une interminable défilée, couleur d'azur par en haut, couleur de brique par en bas, et bottée de miroitantes basanes où se reflétait le crépuscule du soir. Ces messieurs, retour du Magasin, — ils venaient de se faire équiper, — passaient leur première revue, car Hurluret, capitaine commandant au 51ᵉ de chasseurs à cheval et faisant fonction de major en l'absence de cet officier retenu au lit par la goutte, eût cru manquer à tous ses devoirs en retardant de vingt-quatre heures la belle occasion qui se présentait pour lui de faire l'intéressant et de jouer au *colo*.

C'était un homme sans méchanceté, mais que

3

conseillait mal l'absinthe dont il prisait plus
que de raison la traîtresse et dangereuse douceur. De là son optique spéciale : une vision
mangée à l'alcool, devenue comme ces vieilles
murailles culottées de crasse et rongées de sal-
pêtre, où ne marque plus le charbonnage qu'en
hachures inachevées. Convié à recevoir les re-
crues, il s'était senti pénétré de l'importance de
sa tâche ; son rôle de major par raccroc lui était
apparu en mission sacrée, quasi divine, hérissée
de devoirs ; en sorte que, depuis l'apparition
des bleus sous le haut porche du quartier de
cavalerie, il n'avait pu se résigner à leur laisser
la paix une seule minute. Successivement il
leur avait fait la conduite : et chez le chef, qu'il
avait renseigné sur la façon de tenir à jour un
état de situation ; et chez le barbier, qu'il avait
édifié touchant l'art de couper les cheveux ; et
chez le docteur, auquel il avait révélé les bien-
faisants principes de l'huile de foie de morue ;
et enfin à l'habillement, où il s'était montré
expert à distinguer du premier coup un dolman
d'un calot, un pantalon d'une veste et un képi
d'une paire de gants ; après quoi, éprouvant le
besoin de prononcer quelques paroles bien
senties, il avait fait sonner « aux jeunes ».

Ceux-ci cependant, atterrés, effarés, martyrs en leurs entournures, attendaient en silence la fin. Leur position était celle du soldat sans armes aux termes de la théorie : le corps droit, les pieds en équerre, les bras tombés le long des cuisses sans affectation ni raideur. Dans leur dos, sur le seuil du poste, le trompette de garde sonnait, et sur les vitres de la caserne multipliées à l'infini, le jour se mourait en nappes blêmes.

— Le régiment, exposait Hurluret lancé dans les aperçus, n'est pas ce qu'un vain peuple pense. Il y en a qui se le représentent sous les couleurs les plus noires. C'est de la blague, pas autre chose ; et c'est pourquoi j'ai tenu à avoir avec vous une petite conversation. Le régiment est une grande famille ; les soldats en sont les rameaux, les officiers en sont les pères ; c'est vous dire qu'ils en ont à la fois les légitimes sévérités et les indulgentes bienveillances. Le soldat respectueux de ses devoirs n'a rien à redouter de ses chefs, et j'ose dire que, sous l'égide de leur protection, plus d'un retrouvera à la caserne un peu des douceurs maternelles auxquelles il a dû s'arracher, un peu de l'intimité charmante du foyer qui a abrité ses jeunes ans....

A ce moment, dans le grand et solennel silence que sèment autour de soi les brumes de l'hiver, un bleu, ému, lâcha un pet, — si j'ose parler sans détour.

Le son se déchira longuement comme une pièce de calicot, et de toutes parts, aussitôt, se rétrécirent les bouches des bleus sur la poussée des fous rires contenus.

Hurluret, sa grandiloquence fauchée comme avec une serpe, eut une pose scandalisée.

— Il y en a ici, fit-il enfin d'une voix sévère, qui se croient dans une écurie... Quel est le goujat qui a fait ça?

Un silence, introublé cette fois, emplit le pâle mystère de la brume. Les bleus restaient immobiles, avec, entre les deux sourcils, un pli plus large que nature où se trahissait grossièrement leur volonté de n'avoir rien entendu et d'enchaîner leur allégresse.

— Je demande qui a fait ça? reprit sèchement l'officier, mutilé dans son amour-propre. Va-t-on, oui ou non, me répondre?

Il avait avancé de cinq pas. Maintenant il allait d'homme en homme, attachant, sur la face impassible de chacun, des regards qui le fouillaient jusqu'à l'âme.

— C'est vous?

— Non, mon capitaine.

— C'est vous, alors?

— Mon capitaine, je vous jure que ce n'est pas moi !

— Cré bon Dieu, je saurai qui c'est ! En voilà assez, à la fin !

Mais comme il glissait le long du rang, voici que ses yeux s'arrêtèrent sur une face aux cils baissés, aux joues empourprées de confusion. Il fit halte. Sa susceptibilité endolorie illuminait

sa perspicacité du coup de clarté d'un hublot
brusquement ouvert.

— C'est vous !...

L'homme resta muet.

Hurluret poursuivit :

— Bougre de malotru !... Cochon !... C'est
vous qui profitez du moment où je parle pour
vous livrer...? Enfin, est-ce vous, hein? Je vous
demande si c'est vous? Voulez-vous m'honorer
d'une réponse quand je vous adresse la parole?

L'homme roulait des yeux blancs de terreur.
Il se décida pourtant, et, ayant ouvert, pour
parler, une bouche plus vaste qu'un four, il
lâcha... — ô les affres intimidées !... l'émotion
du premier début !... — il lâcha un rot formidable, si je puis m'exprimer ainsi ; un rot profond comme une caverne, grave comme un
conseiller d'État, prolongé comme une agonie
et qui roula pendant une demi-minute parmi
la mystérieuse pénombre du crépuscule peu à
peu épaissi, où s'achevait définitivement cette
première journée de régiment qui laisse de si
âpres souvenirs en les âmes sentimentales.

POTIRON

A Charles Friedlander.

POTIRON

I

Au coup de midi, l'officier de semaine Mousseret, — un petit, tout petit sous-lieutenant sorti quelques mois auparavant de l'École, — donna l'ordre de faire rassembler.

Il dit qu'on allait procéder à l'appel des réservistes, et que les retardataires écoperaient de quatre jours.

Sur quoi le trompette de garde qui, de loin, guettait un signal, porta l'instrument à la

4

bouche, et par trois fois, dans trois directions
différentes, lança la sonnerie au pansage :

> Toi qu'arriv' de Mostaganem,
> Prêt' moi ta pip', que j' fume.
> J'ai pas d' tabac.

Chassé par les sous-officiers, le troupeau des
Vingt-huit jours remonta la cour du Quartier
ruisselante de soleil et se vint adosser aux
murs des écuries en lignée interminable et
bariolée; méli-mélo de toutes les castes et de
toutes les armes, salade de jaquettes crasseuses
et de blouses pâlies au lavage, faisant ressortir
l'azur délicat d'un dolman, l'éclat d'une haute
ceinture de spahi égarée là dedans sans que
l'on sût pourquoi. Ces gens se poussaient du
coude, ricanaient, d'un rire niais de pauvres
diables qui font contre fortune bon cœur et
affectent de se trouver drôles, tandis qu'aux
fenêtres de la caserne des centaines d'autres
figures riaient aussi, des têtes que coiffaient la
tache brune d'un képi ou le gris souris bordé
bleu du léger calot d'intérieur.

— Appuyez, à droite; appuyez! hurlait le
sous-officier de semaine. Le sept, le huit, le
neuf, le dix, le onze et le douze, en arrière! Et

toute la bande, là-bas, demandez-moi ce qu'ils
fabriquent. Voulez-vous appuyer, tonnerre !
Encore ! Encore, donc ! Pompiers, va. Là, c'est
bien ! Assez ! ne bougez plus.

Il s'élança, vint prendre la tête du rang dont

il vérifia, l'œil oblique, l'alignement irréprochable. Côte à côte, sans une parole, Mousseret
et le fourrier du dépôt attendaient.

— Fixe ! cria le maréchal des logis.

L'appel commença. Deux minutes, ce fut une

kyrielle de noms fleurant tous les fumets de
France :

— Lecardonnec !... Pied !... Vidaline !... La-
boulbène !... Mayeux !... Van der Straat !...
Simon !... Boutique !... Fontbourgade !... de la
Bergerie !... Sinoquet !

Et les : « Présent !... sent ! sent ! Présent ! »
se succédaient sans interruption, crépitaient
comme une fusillade. Le beau temps tournait à
l'orage ; par instant des nuages glissaient devant
le soleil, projetés sur le sol en ondes galopantes.
Des croisées ouvertes au vent, tout un tran-
tran de vie active s'échappait le bruit des
lourds sabots traînés par les planchers, l'âpre
grincement du chiendent sur les cuirs encroûtés
de boue, mêlés à une voix lamentable qui sanglotait *la Patrouille allemande*, là-haut, sous la
chute des combles :

> De leurs soldats, la patrouille s'avance ;
> Écoutez le bruit de ses pas ;
> Pauvres proscrits, chantez, chantez plus bas,
> Si vous voulez chanter la France.

— Potiron ! appela le fourrier.

Personne, cette fois, ne répondit. Simplement, sur toutes les bouches, un rire contenu

grimaça, tant l'étrangeté du nom éveillait de
gaieté.

— Potiron !

Même silence.

Mousseret intervint:

— Eh bien ! il n'est pas ici, Potiron ? —
Non ? — Potiron !... Pas de Potiron ? C'est bien
vu ? C'est bien entendu ? Adjugé !

Et au fourrier, à mi-voix :

— Portez manquant.

— Bien, mon lieutenant.

Il ajouta :

— Avec quatre jours de prison à la clef, bien
entendu.

— Naturellement.

L'appel achevé, le sous-officier de semaine
rétrograda de quelques pas. Il commanda :
« Par file à droite... droite ! » et les Vingt-huit
jours, toujours flanqués de Mousseret, furent
dirigés sur l'habillement, puis répartis par
chambrées.

Or, au quatrième peloton on achevait de s'organiser, quand la porte, heurtée d'un coup de genou, céda, encadrant maintenant une espèce d'athlète que coiffait une casquette de loutre, et que revêtait à mi-hanches le bourgeron flottant, quadrillé blanc et rose, des garçons bouchers-étaliers. De la même voix assurée et sonore dont il eût annoncé : « Sept cents grammes d'aloyau ! » cet homme demanda :

— C'est ici que je compte ?

Justement le brigadier Bourre, qui commandait la chambrée en sa qualité de « plus ancien », se taillait une tartine de pain, la boule-de-son entrée dans le défaut de l'épaule, avec l'air d'y jouer du violon au fil luisant de son couteau.

Il s'ébahit :

— Je l'sais t'y moi ! — En v'là une façon d'entrer ! — Qui c'est que vous êtes, d'abord ?

L'autre se nomma :

— Potiron.

On se tordit, mais le personnage ne s'en formalisa en aucune manière. Au contraire, il parut ravi de son effet ; ses épaules soulevées par le rire se voûtèrent en dos de bossu, en même temps qu'une grosse rigolade silencieuse épanouissait sa face de bonne gouape ingénue. Évidemment, il n'eût pas échangé contre six mille livres de rentes la joie de s'appeler Potiron.

— Ah ! c'est vous qui êtes Potiron, reprit Bourre conquis à tant de belle humeur ; eh ben, mon vieux, j'peux rien vous dire. A c't'heure ici, faudrait q'vous alliez trouver l'chef, y a que lui qui vous renseignera. Et puis, aut'chose : vous n'y coupez pas de quat' jours.

— Comment ! j'y coupe pas de quat' jours ?

— Non, mon vieux ; et à faire en rabiot, bien sûr.

— Ah ! là là, susurra dédaigneusement Potiron. Si y a jamais q' ces quat' jours-là pour me tomber su' la *mirette* [1], j' suis pas prêt d'attraper un compère-loriot.

[1] Sur l'œil.

Le brigadier haussa l'épaule :

— Taisez-vous donc ; d' l'épate, tout ça.

— De l'épate ?

— Pour sûr, de l'épate ! Vous avez ramassé quatre jours de prison pour avoir manqué à l'appel, vous ferez vos quat' jours de prison et ça fera la rue Michel. A quoi ça sert de rouspéter quand c'est qu'y a un ordre de l'officier de semaine ?

Du coup, l'homme à la casquette de loutre resta muet. Seulement il se gifla la cuisse, et sa main soudainement dressée, la paume dehors, le pouce en l'air, en dit plus qu'un réquisitoire sur le cas que lui, Potiron, faisait de l'officier de semaine.

Il défia :

— Trente-deux jours à tirer au lieu de vingt-huit ? Des patates ! Pourquoi pas six marqués, six *marqués*[1], tout de suite ? Pourquoi pas une *berge* ou deux[2] ? Ça ne fait pas avec les *louchébem*[3] ces comptes-là. Salut ! J'vas causer au chef.

Et ayant dit, il disparut.

[1] Six mois. — [2] Un an. — [3] Les bouchers.

III

On riait encore, qu'une voix déjà criait :

— Fixe !

Mousseret à son tour venait d'entrer, et, le nez au vent, il furetait, fouillait les lointains de la chambre.

— Bé !... est ici, l'illustre Potiron ?

C'était un petit être tout nerfs, au visage couleur de vin doux et travaillé de tics continuels, à la moustache blondâtre et molle, moussant mal sur un champ de dartres enflammées. En l'ampleur disproportionnée de son képi il enfonçait jusqu'aux paupières, et sa culotte en flanc de soufflet zigzaguait à ce point sur ses cuisses qu'on l'eût pu croire pantalonné de la défroque d'une girafe. Les hommes, pris à l'improviste, avaient rectifié la position sur place. Ils demeuraient l'œil sans regard, les bras tombés le long

5

du corps et les talons sur la même ligne, atten-
dant un ordre de repos qui persistait à ne pas
venir.

Bourre prit la parole.

— Mon lieutenant, le réserviste Potiron sort
d'ici à la minute même.

— Au diable ! s'exclama Mousseret. Et qu'est-
il devenu, ce pierrot-là ?

— Il est au Bureau, mon lieutenant.

— Ah ! bon.

Tout de suite il tourna bride. Sur son dos,
soutaché d'élégantes fusées noires, la porte, ramenée, claqua. En vingt pas il fut chez le Chef,
homme de bien qui, pour le quart d'heure,
mettait à jour les livrets matricules, imputant
des carreaux cassés et des bouchons de fusil
perdus au compte des cavaliers partis en permission ou en congé de convalescence. Ayant
su de quoi il s'agissait, il s'empressa, fit l'homme
du monde, donna la comédie d'une contrariété
de bon goût :

— Vraiment, mon lieutenant, désolé! Potiron,
vous dites? un boucher? Il sort d'ici. Est-ce
bête! Si j'avais pu prévoir...

Mousseret l'interrompit :

— Enfin, où est-il ?

— A l'habillement mon lieutenant. Il est allé
se faire équiper.

— Merci.

L'officier reprit sa course, gagna le magasin

dont il franchit le seuil. Le malheur est qu'au
même instant Potiron en sortait par la porte
opposée. De nouveau il se dut rabattre sur la
chambre, mais Potiron l'avait traversée comme
une flèche le temps de déposer ses hardes sur son
lit. Maintenant il était chez le barbier, ainsi que

Bourre le donna à entendre; et le fait est qu'il
eût été chez le barbier s'il n'eût déjà cessé d'y
être lorsque le sous-lieutenant survint pour l'y
rejoindre.

— Ah çà ! fit alors celui-ci, les bras jetés sur
la poitrine, est-ce que je vais passer ma journée
à courir après cette brute ? Ce serait un peu
raide, par exemple !

Raide ou non, il en fut cependant ainsi; une
fatalité inouïe mais opiniâtre s'entêtant à amener le soldat sur un certain point de la caserne,
tandis que l'officier le cherchait sur un autre.
Et le plus joli de l'affaire fut que Potiron man-
qua à l'appel du soir comme il avait manqué à
l'appel du midi. Mon Dieu, oui; le gaillard, délicat sur sa bouche et dédaigneux de la gamelle,
s'en était tranquillement allé dîner dehors, puis
s'était attardé chez un marchand de vin à regarder jouer le zanzibar. Si bien que Mousseret
éclata, son exaspération réveillée d'un coup de
fouet, quand, passant la visite des chambres et
posant cette question bien simple : « Voilà un
lit vide; qui l'occupe ? » Bourre, qui protégeait
de ses doigts la flamme couchée de la chandelle,
répondit impassiblement :

— Le réserviste Potiron.

— Potiron ! encore Potiron ! toujours Potiron ! cria-t-il. Ce n'est pas possible, à la fin ; ce
client-là se paye notre figure à tous !

Il écumait. Sur ses talons, le sous-officier de

semaine, le billet d'appel à la main, avait fait
halte et ne soufflait mot. Ce fut lui qui paya la
sauce :

— C'est comme vous ! Que fichez-vous là à
me regarder comme une huître ? Vous allez me
faire le plaisir de cavaler au corps de garde dire
qu'on me coffre Potiron sitôt son retour au

quartier ! Tout de suite, vous entendez bien.
Illico ! à l'œil ! de pied ferme !

Et il trépignait, virait de bord, lâchait son
monocle qu'il rattrapait au vol pour se le revis-
ser aussitôt sous l'orbite. Ses « Ah ! non. Ah !
non. Ah ! bien non ! » étaient ceux de Baron
dans la *Femme à papa*, atterré qu'un misérable
cochon pût avoir raison à lui seul contre toute
la Faculté de médecine.

IV

Tout ceci n'empêcha nullement Potiron de réintégrer la chambrée un coup que Mousseret n'y fut plus.

Il était gai comme un pinson et gris comme une petite caille; charmant d'ailleurs, ayant passé par la cantine, d'où il rapportait un litre de cognac et une salade toute préparée dans une bassine en fer-blanc.

Il entra et dit :

— Y a du bon.

Ce fut une stupeur. Hors des lits, des bustes dépoitraillés se dressèrent.

— Ah !... Potiron !

Lui ricanait, jouissait de l'étonnement général. Il conta qu'il avait coupé à la prison en se portant nouveau-malade ; après quoi, équitable et parcimonieux, il commença de répartir la

salade : deux pincées qu'il puisait à même la
bassine, à la fourchette du père Adam, puis dé-
posait au fond des quarts maintenus entre les
genoux. Le litre de cognac, tendu à bout de bras,
circulait de couchette en couchette, et l'agonie
d'un bout de chandelle qui s'achevait d'user sur
la table, collé d'une larme de suif, promenait le
long des murs des ombres fantastiques.

Potiron, le souper terminé, dit qu'il allait
faire des tours.

Il enleva donc son dolman, apparut pantalonné de rouge jusqu'aux aisselles, avec des
bretelles d'ordonnance qui pénétraient comme
dans du beurre en l'épaisseur de son tricot, et
se mit en devoir d'escalader la planche à pain.
Malheureusement cette tentative ne fut couron-
née d'aucun succès. Une minute on le vit, les
yeux hors de la tête, se roidir sur les avant-bras,
tâchant à amener son menton jusqu'à ses pha-
langes contractées... Ce fut tout ; ses mains ver-
nies d'huile glissèrent, et il s'effondra bruyamment sur la table, écrasant la chandelle de son
dos de colosse.

Instantanément, tombée à une nuit profonde,
la chambre s'emplit de clameurs, de hurlements
farouches, de sifflets suraigus : un charivari

assourdissant que Potiron s'efforçait de dominer,
répétant qu'il n'y avait pas d'erreur, qu'il cherchait des allumettes et que le rétablissement
n'était pas son fort, — aveu désormais superflu.
Des vociférations se heurtaient : « Enfant de

salaud qui éteint la camoufle !... Fantassin de
malheur !... La classe ! la classe ! la classe !...
Les *souffrantes*[1] au clair, ceux qui en ont ! »
En même temps, par le plancher, galopaient
d'inquiétants pieds nus. Un bleu eut son lit
chahuté : on entendit sa chute brutale et le

[1] Les allumettes.

6

commencement de ses protestations, qu'étouffa
aussitôt l'épaisseur des paillasses. Un autre se
mit à beugler, ayant reçu en plein visage une
gamelle qu'un bras inconnu venait de lancer à
la volée.

A la fin, tout de même, une étincelle bleuâtre
piqua l'épaisseur des ténèbres, et la chambre
réapparut, devenue telle qu'un champ de car-
nage, à croire qu'une armée de barbares l'avait
parcourue sabre au poing, jonchée de lits
effondrés, de feuilles de salade, de tessons de
bouteille. Des ombres, au loin, se hâtaient,
replongeant sous les couvertures comme des
grenouilles épeurées. Potiron, point découragé,
acharné à faire montre de ses petits talents,
insistait, braillait à tue-tête qu'on allait voir ce
que l'on allait voir. Et tour à tour il fit le
manchot, puis le cul-de-jatte : le derrière par
terre, le pied droit ramené sur la rotule gauche
et le pied gauche ramené sur la rotule droite
(exercice dédié aux dames). Il avait retiré sa
culotte, comme gênant l'élasticité de ses mouvements, et c'est ainsi que Bourre, qui s'était
absenté un quart d'heure, le surprit dressé sur
les mains, la chemise retombée en jupe autour
des bras et de la tête.

— Hein ! quoi ! cria-t-il effaré; en v'là un qui fait le *misloque* [1], à présent ! Voulez-vous bien aller vous recoucher tout de suite ! Vous aurez deux jours salle police, et avec un petit

motif qui ne sera pas à la mie de pain, je vous en flanque mon billet !

Puis, l'œil mi-clos, la lippe tendue :

— Ah çà ! mais... ah çà ! mais... ah çà ! mais...

Il cherchait. Sûr, le personnage ne lui était pas inconnu. Soudain il tressauta :

[1] Le comédien.

— Eh ! c'est Potiron, nom d'une trousse ! Hé ben, elle est bonne, celle-là ? Pourquoi qu' vous n'êtes pas à la boîte ?

Congestionné, suant par tous les pores du visage la joie de vivre et l'orgueil des santés débordantes :

— Je suis malade, répondit froidement Potiron.

V

Le premier soin de Mousseret, en arrivant au
Quartier le lendemain, fut de passer au corps
de garde prendre des nouvelles de son homme :
— Eh ben ! Potiron ?

Cinq heures venaient de sonner. Par la croisée
du poste, ouverte sur la grand'route, une aube
de printemps entrait, rose et tiède ; la douceur
infinie des journées qui s'éveillent et qui pro-
mettent d'être belles. Une rousseur de soleil
indécis cuivrait le sol. Elle grimpait à la plinthe
du mur, montait à l'assaut d'un pied de table,
s'allait perdre sous l'ombre portée d'un lit de
camp que chargeaient trois corps endormis, trois
manteaux aux collets dressés d'où rejaillis-
saient en brosses rases trois crânes tondus à
l'ordonnance. Seul, le sous-officier veillait, bou-
quinant les loques graisseuses d'un roman cent

fois lu et relu déjà, et que, de temps immémo-
riaux, une garde repassait à l'autre.

A l'entrée de Mousseret il se leva, prit la
position militaire :

— Potiron, mon lieutenant, est rentré à neuf
heures.

— Ah ! ah ! Et il est sous clef, j'aime à croire ?

— Non, mon lieutenant.

— Comment, non !

Le maréchal des logis eut le geste qui n'en
peut mais : « Potiron s'était porté malade, et
dame !... »

— Cela suffit.

Mousseret fit demi-tour. D'une traite, il fila
sur la chambre, que du reste il trouva vide,
les hommes étant à la corvée. Pourtant, un
élève trompette, exempt de service, qui four-
bissait au tripoli le pavillon de son instrument,
donna un renseignement précieux :

— Potiron ? Il est aux cabinets, mon lieutenant.

— C'est bon, dit Mousseret, je vais l'attendre.
Il était fixé.

C'était la plaisanterie de la veille qui recom-
mençait.

Il ravala un sourd juron, vint se camper au

seuil de la porte, qu'il barra de ses jambes
ouvertes. Cinq minutes s'écoulèrent, puis dix,
puis dix autres. Rien ne venait; il attendait
toujours, muet, cinglant du bout de sa cravache
la double bande azur de sa culotte de cheval,

Tout rageait en lui, tout ! depuis son nez ca-
mard sillonné de soubresauts nerveux, jusqu'à
la pointe aiguë de sa botte !

— Chameau ! murmura-t-il.

Et comme, à ce moment, le brigadier des
ordinaires passait près de lui, la main en
coquille sur l'oreille, il le héla, lui jeta une
question au vol :

— Pas vu Potiron, Misaupoint?

— A la cantine! dit le soldat.

Ils venaient de prendre un marc ensemble.

A la cantine?... Malade et puni de prison, le drôle buvait à la cantine?...

L'officier, déjà, y était! Mais Potiron, lui, n'y était plus ; passé chez le casernier acheter un savon, puis, de là, à l'habillement échanger son képi qu'il jugeait trop étroit, puis aux cuisines carotter un potage, puis — car le trompette de garde appelait les malades au trot — à la visite du médecin. Là, à vrai dire, il ne prit pas racine; en deux temps il fut expédié:

— Ouvrez la bouche, tirez la langue, voyons ce pouls. Très bien, vous êtes un fricoteur; vous aurez deux jours de prison.

— Mais, major...

— Non, pardon, fichez-moi donc le camp! Il sortit...

— Potiron est là? demanda Mousseret, qui entrait...

— Il sort d'ici, dit le médecin. Vous le rattraperez à deux pas.

Alors Mousseret n'insista plus. Il en avait assez, aussi. Tranquillement il alla au poste, fit sonner aux brigadiers et aux maréchaux des

logis, leur enjoignant d'avoir à se saisir du
réserviste Potiron en quelque lieu qu'ils le
trouvassent. A la malle, Potiron! Hors la loi,
Potiron! Pas d'explications, rien du tout! Si
Potiron n'était bouclé dans un quart d'heure,
tout le clan des gradés coucherait à la boîte. Et
allez donc!

Dans ces conditions la lutte devenait impossible; il n'était plus de fatalité ni de dieu des
bonnes crapules qui pût sauvegarder Potiron.
Et en effet, cinq minutes ne s'étaient pas écou-
lées que le sous-lieutenant lui-même était sonné
au corps de garde.

Il accourut.

— Nous le tenons, dit le maréchal des logis.

— Parfait.

Il soufflait bruyamment. Il demanda :

— Vous l'avez fourré en cellule?

En cellule? non. La brouette au derrière, la
pelle à fumier en travers, on l'avait envoyé
enlever le crottin dans la petite cour du rapport,
un rectangle pavé, en retrait, logé derrière la
caserne et que fermait le mur d'enceinte sur
deux faces. Mousseret n'en demandait pas plus.
Allègre, sifflotant, la cigarette au bec, il gagna
la cour du rapport; il y vit une brouette, une

7

pelle et un pâté de crottin qui fumait au soleil, mais de Potiron aucunement; le joyeux Potiron s'était donné de l'air après avoir enlevé sa blouse, fourré son calot dans sa poche et rabattu sur ses sabots les replis de son pantalon de prisonnier. Mousseret tempêta, hurla, consigna le quartier d'office, jusqu'à la gauche; peine perdue ! Les journées succédèrent aux journées, les semaines croulèrent sous les semaines, jamais plus on n'ouït parler de Potiron au 51° régiment de chasseurs à cheval.

Ainsi se réalisa le mot de cet homme vraiment distingué :

— Trente-deux jours à tirer au lieu de vingt-huit ? Des patates ! Ces comptes-là ne se font pas avec les louchébem.

UN MAL DE GORGE

I

Ce matin-là, il faisait un tel froid, que La Guillaumette se sentit le nez gelé rien que de l'avoir sorti hors de ses couvertures. Il demeura un moment immobile, les yeux ouverts, recroquevillé sur lui-même, le menton reposant presque sur les genoux. Autour de lui, dans l'obscurité de la chambre, les camarades s'habillaient sans parler, décrochaient sous leurs charges leurs musettes de pansage, frappaient

les pieds de fer des couchettes du bout retroussé
de leurs sabots.

Levé le premier, le brigadier commençait sa
petite tournée de chaque matin, pressant ses
hommes, passant de lit en lit, semblable dans
la nuit, avec sa longue blouse blanche, à une
tache blême qui se fût promenée.

Quand il fut parvenu au lit de La Guillaumette, il étendit la main, palpa la couverture
et, tout à coup, le secouant rudement :

— Hé bé, dis donc, La Guillaumette, faut
pas te gêner, mon garçon, c'est-y q' tu vas pas
te lever à c' matin ?

Et, comme l'autre ne se bougeait :

— Allons, debout ! A la corvée ! Entends-tu
un peu c' que j' te dis ?

La Guillaumette, cependant, semblait n'avoir
pas entendu. Il réfléchit, partagé entre l'inquiétude de coucher le soir à la boîte et le plaisir
de rester « pieuté » par une température semblable. Enfin la mollesse l'emporta. Il était
lâche devant le froid comme un chat devant un
seau d'eau.

Il se retourna sur lui-même :

— Ah zut ! fit-il, j' me lève pas ; j' suis malade.

— T'es malade ! dit le brigadier. Et qué q' t'as encore à c't' heure ?

La Guillaumette haussa les épaules sous le drap :

— Tu m'embêtes, j'ai la peau trop courte.

Le brigadier se tut, contempla un moment la masse inerte de La Guillaumette, puis s'en alla, de son pas tranquille :

— Quelle flemme !

Lentement la chambre se vidait ; les hommes l'un après l'autre gagnaient les écuries, les musettes enroulées sous le bras, en manches de chemise ou en tricot, malgré ce froid terrible de la matinée, qui, maintenant, entrait par la porte ouverte, glaçait la terrine d'eau sale et le fond humide des quarts laissés sur la table, la veille. En un instant elle fut déserte. Il y eut un calme profond. Mais, de nouveau, la porte battit, une bouffée d'air glacial entra, tandis que la voix du sous-officier de semaine lançait dans le silence :

— Pas de malade ici ?

La Guillaumette, alors, se souleva légèrement, et d'une voix qu'il s'efforçait de rendre faible :

— La Guillaumette, cavalier, deuxième classe.

Le sous-officier inscrivit, et, toujours courant,
disparut. La Guillaumette l'entendit criant son
« Pas de malade ? » derrière la cloison. Il y en
avait à présent pour deux heures de tranquillité.
La Guillaumette se réenfouit sous ses toiles et
se réendormit de son sommeil de juste.

Il ne s'éveilla qu'assez tard.

Il ouvrit les yeux, regarda, vit le plancher
de la chambre balayé et pas mal de lits recou-
verts. La corvée du matin achevée, les hommes
étaient à la manœuvre. Seul, un trompette,
exempt de service à la chambre, astiquait d'une
peau de daim la coquille de son sabre. La Guillaumette fut pris d'une légère angoisse. Il se
dressa :

— Est-ce que la visite est sonnée ?

— Non, fit le camarade, pas encore.

— Quelle heure qu'il est ?

— Huit heures et demie.

— Bon, dit La Guillaumette, ça ne tardera
pas beseff. Va falloir se lever, quelle scie !

Le trompette ne répondit pas, examinant son
travail de tout près, passant son doigt rouge de
tripoli entre les branches de sa poignée. Tranquillement :

— T'es malade ? fit-il. Qué qu' t'as ?

La Guillaumette ricana :

— J'ai que j'y çouperai pas de mes quatre jours.

Au fond, des inquiétudes lui venaient. La perspective d'un redoutable : « N'est pas ma-

lade », suivi immédiatement des quatre jours de salle de police traditionnels, commençait à le rendre rêveur et à lui gâter quelque peu sa joie d'avoir coupé à la corvée de litière, au pansage et à la manœuvre. Les nuits passées sur la planche de la boîte, en pantalon de treillis

8

et blouse, par un froid de vingt-cinq degrés,
n'avaient, de fait, rien de bien séduisant. Il
parut réfléchir, resta silencieux, installé dans
son lit, les genoux dans les bras. Puis, à haute
voix, comme suivant son idée :

— Avec ça, j'suis frileux comme une poêle à
marrons.

Mais brusquement, son insouciance l'emporta.

— Ah ! Et puis, barca ! Je dirai au major que
j'ai mal à la gorge. Si ça prend, tant mieux ; si
ça ne prend pas, tant pis. Je suis de la classe
pour un coup, pas vrai ? D'ailleurs, ça se voit
pas, l' mal de gorge.

II

La Guillaumette arriva le dernier à l'infirmerie régimentaire. La visite était commencée.
Il poussa la porte, et, sans bruit, vint s'aligner
à la suite des malades dont une longue défilée
cachait déjà la muraille nue de la petite salle.
Il s'était composé une tête de circonstance : sa
figure jaune, point rasée, enfouie dans le collet
dressé de son manteau ; sa tignasse un peu
longue, éparse ; sa toque d'écurie enfoncée jusqu'aux yeux à la manière d'un bonnet de nuit ;
sa touche de fiévreux éreinté aux épaules voû-
tées et courbées par la fatigue des insomnies
sans trêves, lui constituaient une physionomie
de malade d'une vraisemblance stupéfiante. Son
entrée fit sensation.

Assis de côté sur sa chaise, devant une table
de bois blanc couverte de mouchetures d'encre

et sur laquelle s'ouvrait le cahier d'infirmerie,
le médecin procédait à la consultation. Près de
lui, un grand diable, sec comme une trique,
s'expliquait d'une voix pleurnicharde, parlait
d'écorchures aux cuisses, de chairs mises à vif,
de douleurs cuisantes. Le major l'interrompit :

— C'est bon, assez de discours. Baisse ton
pantalon.

L'homme obéit, enleva sa culotte, retroussa
sa chemise et tendit ses fesses nues. Il y eut une
minute de silence. Le médecin examinait. Soudain il se mit la plume entre les dents, avança
le visage et, du bout de son doigt, toucha légèrement une des plaies :

— Est-ce que ça te fait mal quand je touche ?

Le cavalier, toujours courbé, répondit :

— Oui, monsieur le docteur, ça me cuit.

— Bah ! dit l'autre, ça n'est pas bien grave.
Enfin !...

Il reprit sa plume.

— Rhabille-toi.

L'homme se redressa, la face cramoisie. Penché sur le cahier, le médecin écrivait.

Il prononça :

— Exempt de cheval, deux jours. Un bain de
siège d'eau salée et de la poudre d'amidon.

Puis, il appela :

— Chantavoine !

Un des malades se détacha du fond et s'approcha de la table en boitant.

— Qu'est-ce qu'il y a ? demanda le docteur.

— Monsieur le docteur, j'ai attrapé un mal au pied ; y a deux jours que j' peux pas...

— Enlève ta chaussette.

Chantavoine laissa tomber son sabot, posa son pied sur une chaise et déligota les bandelettes qui lui emprisonnaient le cou-de-pied et la cheville. De nouveau, le docteur, penché, examina.

— Eh bien, fit-il, je ne vois rien, moi.

— Oh ! si, monsieur le docteur, hasarda Chantavoine.

Ce mot jeta le docteur dans une colère bruyante :

— Quoi, « si, monsieur le docteur ? » Quoi, « si, monsieur le docteur » ? Qu'est-ce que tu espères me prouver avec ton « si, monsieur le docteur » ? Est-ce que tu me prends pour un aveugle et est-ce que tu crois comme ça que j'ai besoin de tes avis ?

— Monsieur le...

— Assez, nom de Dieu ! tu n'as rien du tout !
Fous-moi le camp !

Il était pâle de fureur. Il jeta sa plume dans
l'encre, et sur le cahier d'infirmerie, en face le
nom de Chantavoine, il traça rapidement, d'une
grosse écriture rageuse : « *N'est pas malade.*
Quatre jours de salle de police. »

La Guillaumette pensa :

— Cristi ! Nous allons avoir du coton !

Cinq ou six infirmes défilèrent encore. Enfin,
son tour arriva. Il s'avança à l'appel de son
nom, blême, coupé en deux. Depuis l'instant
de son entrée il se frappait le coude sur le mur
pour se donner au pouls une agitation de fièvre.
Il dit :

— Monsieur le docteur, j'ai très mal à la
gorge, je ne peux plus manger ma gamelle ;
ça me fait du mal rien que d'avaler mon crachat.

— Approche un peu, dit le major.

La Guillaumette s'approcha.

— J'ai de la fièvre, hasarda-t-il à demi-voix,
v'là deux nuits que je ne dors pas.

Le major lui prit le poignet, chercha l'artère
sembla se recueillir une minute. Brusquement,
il saisit une palette d'ivoire qu'il avait à portée
de sa main.

— Ouvre la bouche.

La Guillaumette ouvrit une bouche démesu-
rée, offrant sa gorge à l'examen du médecin.

— Peuh ! conclut enfin celui-ci, il y a un peu
d'inflammation.

La Guillaumette, la langue toujours aplatie
sous la pesée de la palette, pensa étrangler
d'étonnement. Il sut, toutefois, se contenir et
attendre patiemment la fin de la consultation.
Le médecin reprit :

— Nous allons le faire vomir. — Apportez-
moi l'émétique,. Gilbert.

L'infirmier se précipita vers l'armoire aux
médicaments et, pendant une longue minute,
disparut jusqu'aux éperons entre les deux pan-
neaux du meuble ; on l'entendit fourgonner
bruyamment, bouleverser une armée de bou-
teilles. Une odeur doucereuse, écœurante,
s'était subitement élevée, arrivant du fond de
l'armoire où des fioles débouchées se mêlaient
à des entassements de feuilles de tilleul. A la
fin, Gilbert reparut, tenant d'une main un flacon
qu'emplissait une poudre blanchâtre, de l'autre,
une timbale de plomb. Le docteur prit la fiole,
jeta dans la timbale une petite pelletée de
poudre qu'il avait mesurée lui-même avec un

soin minutieux, versa de l'eau, agita un instant
et tendit le tout au malade :

— Avale-moi ça.

La Guillaumette s'exécuta.

— Ça ne sera rien, dit alors le major ; je
t'exempte de service deux jours, mais reviens
après-demain, si ça ne va pas mieux.

Le surlendemain, La Guillaumette qui avait trouvé excellent de *couper* pendant deux jours à tous les embêtements de la profession, de rester le matin au lit et de passer l'après-midi devant le poêle à s'y rôtir des biscuits éventrés, se représenta à la visite.

— Eh bien ? fit le médecin-major.

— Mon Dieu, monsieur le docteur, répondit La Guillaumette, ça n'est point que ça me fasse plus mal, mais ça ne va tout de même pas fort. Si des fois c'était un effet de vot' bonté de me redonner un vomitif...

— C'est bon, dit le médecin, tends le bec.

La comédie de l'avant-veille recommença. La Guillaumette, de nouveau, ouvrit une bouche de carpe ; de nouveau, le médecin-major reconnut une inflammation dans la gorge de La Guillaumette, et, de nouveau, La Guillaumette s'efforça de ne pas crever de rire au nez du médecin-major. Bref, La Guillaumette eut le fond du palais badigeonné à la poudre d'alun — amertume qui lui parut douce, vu les deux jours d'exemption de service dans lesquels elle s'enveloppait, et l'invitation du docteur à se représenter de nouveau, si ce remède énergique demeurait sans effet.

Donc, pendant deux nouvelles journées, l'homme au mal de gorge put goûter les douceurs de la vie de propriétaire.

Son existence était charmante. Il se levait à sa convenance, se débarbouillait à l'eau tiède, cirait ses bottes ou brossait son dolman en hurlant de vieilles rengaines patriotiques avec cette belle fausseté de voix que donnent les consciences tranquilles. Il faisait des blagues aux copains, les regardait avec des ricanements sourds préparer leur revue du samedi suivant et répondait aux sonneries de trompette : « Oui, oui, mon bonhomme, sonne toujours. C'est épatant comme j' vas m' déranger. » Le reste du temps il sifflait, arrangeait le feu, battait des charges sur les vitres et se calait paisible-

ment les joues avec des tartines de pain qu'il
avait fait griller au bout de son couteau, devant
la porte ouverte du poêle.

Du reste, par un sentiment naturel de pudeur,
il s'était mis à porter un foulard.

Trois fois encore, La Guillaumette se présenta
à la visite et trois fois il fut reconnu. C'est ainsi
que, successivement, il eut l'intérieur de la
gorge passé au nitrate d'argent, puis le cou
peinturé à la teinture d'iode. Il devint répu-
gnant et ridicule à voir, en sorte que les camarades, dégoûtés, l'invitèrent à ne plus s'asseoir
au banc commun et à manger sa gamelle sur
son lit. Le plaisir de ne plus se lever au réveil
le fit accepter sans trop de peine cette petite
humiliation, comme il lui avait fait accepter déjà
les engueulades continuelles du sous-officier de
peloton.

Cependant, il advint cette chose très natu-
relle, qu'à force de s'introduire des saletés dans
la gorge, La Guillaumette, un beau matin, y
attrapa mal pour tout de bon : il s'éveilla avec
une extinction de voix et une espèce d'étran-
glement. C'était comme une grosseur poussée
en son gosier, embarrassante, barrant le passage
à la salive.

Il se dit : « Tiens, ça tombe bien ! » Et il alla
à la visite.

Malheureusement, ce matin-là le major n'é-
tait pas en bonne disposition, et il se mit à
écumer en reconnaissant La Guillaumette.

— Comment, fit-il, c'est encore toi ? Est-ce
que tu te fous de moi, à la fin ? Un mal de gorge
qui dure quinze jours ! A-t-on jamais vu chose
pareille ! Oui, parbleu, je vois ce que tu cher-
ches ; tu voudrais t'abonner à ne pas en fiche
un coup ; tu te figures que ça va continuer et
que tu vas faire tout ton service à la chambre
et à la cantine ! Eh bien, attends, mon salaud,
je vais t'en foutre, de l'abonnement !

La Guillaumette protesta :

— Mais, monsieur le major, je vous jure...

— Veux-tu te taire, sacré nom de Dieu !
Veux-tu te taire, dis, s'il vous plaît !

La Guillaumette n'insista pas.

— Approche ici, reprit le médecin-major,
Ouvre ta bouche... plus grande... plus grande...
Ouvre donc la bouche, nom de Dieu !

Et, l'empoignant au menton, il lui écarta les
mâchoires. Un simple coup d'œil lui suffit.

Il lui dit :

— C'est bien ce que je pensais, il n'a abso-

lument plus rien. Eh bien, mon garçon, c'est
parfait : tu vas me foutre le camp au pansage,
tout de suite, et tu coucheras à la boîte ce soir
pour t'apprendre à tirer au cul. Ah ! carottier !

Ah ! fricoteur ! je vais te montrer qui je suis,
moi !

L'infortuné La Guillaumette essaya, mais vainement, hélas ! de placer une dernière parole.
Un regard du médecin-major le fit rentrer dans

le néant, et il quitta l'infirmerie, la tête basse.

Le soir, il entra à la boîte, et comme, cette nuit-là, il fit un froid terrible, il en sortit avec une angine couenneuse qui nécessita son transport d'urgence à l'hôpital militaire.

IV

La Guillaumette étant mon voisin à la chambre, je crus devoir, le dimanche suivant, lui aller faire une visite, et je me rendis à l'hôpital, situé à l'autre bout de la ville.

C'était un monument sinistre, aux pierres noircies par les années, avec une lourde coupole qui le faisait ressembler à une église. Derrière ses hautes et étroites fenêtres apparaissaient les rideaux blancs des lits, verdis un peu par le verre des carreaux, le plafond enfumé des salles, et aussi les bonnets de coton des malades convalescents.

Je pénétrai sous la voûte et je demandai au portier :

— La Guillaumette, cavalier au 54ᵉ chasseurs ?

L'homme tourna la tête et me dit :

— La Guillaumette? Il vient de mourir.

Je restai stupéfait.

— Comment, il vient de mourir ?

L'homme répondit :

— Mon Dieu ! oui, le pauvre diable n'a pas eu
de chance. On l'avait mis à la salle des fiévreux,
et il y a gagné la fièvre typhoïde. Ça l'a nettoyé
en trois jours.

26

10

26

Le Pont-Royal. Minuit moins dix. Deux dragons attardés regagnent la caserne d'Orsay. Long silence, puis :

PREMIER DRAGON

Mon vieux cochon, écoute un peu ; je m'en vais te dire une bonne chose. Tu sais bien, Marabout?

DEUXIÈME DRAGON

Marabout? Oui, après?

PREMIER DRAGON, confidentiel.

Hé ben ! mon vieux salaud, je sais où qu'y demeure.

DEUXIÈME DRAGON

Tu sais où qu'y demeure, Marabout?

PREMIER DRAGON

Oui, j' sais où qu'y demeure.

DEUXIÈME DRAGON

Où qu'y demeure ?

PREMIER DRAGON

Tu demandes où qu'y demeure, Marabout ?

DEUXIÈME DRAGON

Oui, où qu' c'est qu'y demeure, Marabout ?
pis' q' tu dis qu' tu sais où qu'y demeure.

PREMIER DRAGON

Pour sûr, je le sais où qu'y demeure. (*Un
temps.*) Y demeure au 26 ?

DEUXIÈME DRAGON

Ah ! (*Un temps.*) À quel 26 ?

PREMIER DRAGON

A quel 26 ?

DEUXIÈME DRAGON

Oui, à quel 26 qu'y demeure ? Y en a beseff
des 26.

PREMIER DRAGON

Des 26 ? Hé ben, mon salaud, je pense bien
qu'y y en a beseff ! Si j'étais seulement de la
classe autant comme y a des 26, j' te passerais
une sacrée curette, ah ! là là ! (*Il rit. Goguenard.*) C' que t'en as une couche !... Vrai, alors !
Tu pourrais installer, tu sais... Il est épatant,
c' client-là ; y dit comme ça qu'y y en a beseff
des 26 !

DEUXIÈME DRAGON

Enfin c'est pas tout ça ; quel 26 qu'y reste ?

PREMIER DRAGON

Quel 26 qu'y reste ? (*Solennel.*) Mon vieux
cochon, je m'en vais te dire une bonne chose ;
j' me rappelle pas quelle rue qu'y demeure.

DEUXIÈME DRAGON

Tu t' rappelles pas quelle rue qu'y demeure ?

PREMIER DRAGON

Non, mon vieux.

DEUXIÈME DRAGON

Hé ben ! mon salaud !... (*Silence.*)

PREMIER DRAGON

J' sais que c'est au 26. (*Nouveau silence.*)

DEUXIÈME DRAGON, frappé d'une idée.

C'est pas au boulevard Batignolles, des fois ?

PREMIER DRAGON

Boulevard Batignolles ?

DEUXIÈME DRAGON

Oui, boulevard Batignolles...

PREMIER DRAGON, rassemblant ses souvenirs.

Boulevard Batignolles... Boulevard Batignolles... Mon vieux colon, je peux pas te dire si c'est au boulevard Batignolles ; j' me rappelle seulement que c'est au 26.

DEUXIÈME DRAGON

Ah ! (*Un temps.*) C'est pas rue des Halles ?

PREMIER DRAGON

Quelle rue ?

DEUXIÈME DRAGON

Rue des Halles.

PREMIER DRAGON

Où q' c'est t'y ça, la rue des Halles ?

DEUXIÈME DRAGON

Aux Halles.

PREMIER DRAGON, rêveur.

Rue des Halles ?... Voyons donc ! (*Il cherche.*
Résolument.) Non, c'est pas rue des Halles.
J' me rappelle pas au jus' quelle rue qu' c'est

qu'y demeure, mais pour sûr c'est pas rue des
Halles. (*Un temps.*) C'est au 26, en tout cas.

DEUXIÈME DRAGON

C'est pas faubourg Saint-Denis ?

PREMIER DRAGON

Faubourg Saint-Denis ? (*Il s'esclaffe.*) Ah

non ! (*Narquois.*) Hé ben, mon vieux !... Hé
ben, mon salaud !... Ah ! là_là ! J' le connais
mieux que toi, le faubourg Saint-Denis ; j'ai
mon beau-frère qui est tripier au coin du faubourg Saint-Denis et du boulevard La Chapelle :
tu comprends qu' je le connais mieux qu' toi,
le faubourg Saint-Denis. Sûr que non, ce n'est
pas au faubourg Saint-Denis.

DEUXIÈME DRAGON

Ah ! (*Long silence.*) Ce n'est pas rue Neuve-
des-Mathurins ?

PREMIER DRAGON, après avoir hésité.

Non.

DEUXIÈME DRAGON

Ce n'est pas avenue Daumesnil ?

PREMIER DRAGON, après mûres réflexions.

Non.

DEUXIÈME DRAGON

Ce n'est pas boulevard Contrescarpe ?

PREMIER DRAGON

Non.

DEUXIÈME DRAGON

Ce n'est pas à Bercy ?... à Grenelle !... à Mont-

rouge ?... C'est pas à l'École militaire ? (*Gestes
successifs de dénégation*.) C'est pas place du
Trône?... rue aux Ours?... Boulevard des Filles-
du-Calvaire ?... place Maubert ?... Avenue de
l'Opéra ?... C'est pas au Troiscadéro ?... rue du
Bac ?... à la Halle aux vins ?... à la Bourse ?...
à la Glacière ?...

PREMIER DRAGON

Non. (*Nouveau silence.*) C'est pas à Paris,
d'ailleurs, c'est dans le Midi; aux environs de...
Ah ! flûte !... à Saint... — cré saleté de pays —
... rue... Bon Dieu de bon Dieu !... 26.

EXEMPT DE CRAVATE

I

Ce jour-là, un dimanche délicieux de juillet,
Lagrappe, que le médecin-major avait exempté
de cravate à cause d'un furoncle à la nuque, se
présenta au corps de garde sitôt sa gamelle
avalée. La main gauche dans le rang et tenant
le sabre, la droite ramenée en coquille sur la
visière cerclée de cuivre du shako, son cou de
buffle — tourné au rouge cramoisi pour avoir
été frotté de sable, rincé ensuite à l'eau de

puits, puis tamponné à tour de bras — émer-
geant nu du col rouge aussi du dolman :

— Permission de sortir? dit-il.

Le maréchal des logis de garde chevauchait
une chaise dépaillée. Il lui jeta de biais un
coup d'œil et froidement répondit :

— Demi-tour.

Demi-tour !...

Le soldat en demeura baba, étant coté à
l'escadron pour son souci de la propreté, le bel
entretien de ses armes. Il brillait d'ailleurs
comme un astre; les basanes telles que des
glaces, et constellé, du col au ventre, d'un
triple rang de grelots astiqués, pareils à de
minuscules soleils.

— Demi-tour !...

Soudain il comprit.

— Si c'est à cause de la cravate, fit-il, j'suis
exempt de cravate, maréchal des logis. C'est le
major qui m'a exempté à c'matin, pour la chose
que j'ai mal au cou.

— Demi-tour, répéta le sous-officier qui
fumait une cigarette, les bras au dossier de la
chaise.

Mais Lagrappe, fort de son bon droit, insis-
tant, expliquant que ce n'était pas une blague,

à preuve qu'on pouvait consulter le cahier de
l'infirmerie :

— Hé ! je me moque bien, déclara-t-il, du
cahier de l'infirmerie ! On ne sort pas en ville

sans cravate, voilà tout. Si vous tenez à sortir,
allez vous mettre en tenue ; sinon rentrez, et
restez à la chambre ! Est-ce que ça me regarde,
moi, si vous êtes exempt de cravate ?

Il parlait sans emportement, avec la hauteur

méprisante d'une catin pour un boueux. Un
léger haussement d'épaules marqua la fin de
sa période; et l'autre, qu'interdisait cette face
aux yeux clignotants, suante de dédain et d'in-
solence, distinguée à travers des paquets de
fumée, sentit l'inanité d'une discussion plus
longue. Il dit : « C'est bon ! » fut mettre en
deux temps sa cravate, et, irréprochable cette
fois, décrocha son droit à sortir.

II

Or, il n'avait pas fait cent pas, qu'au coin de
la rue Chanoinesse et du boulevard Chardon-
neret, il butait du nez dans le médecin. Mandé
par estafette au quartier des chasseurs où ago-
nisait un trompette qu'une jument venait de
scalper d'un coup de pied, cet homme pressé
portait la vie du même pas tranquille qu'il eût
porté la mort. A la vue de Lagrappe il fit halte,
et abaissant lentement sur lui un regard tout
noir de soupçon :

— Hé là! l'homme, je ne me trompe pas ;
c'est bien toi qui as un furoncle et que j'ai
exempté de cravate à la visite de ce matin?

— Oui, monsieur le major, dit Lagrappe.

Le médecin eut un bond sur place et jura :

— Sacré nom de Dieu !

12

C'était un homme formidable, aux poings
d'athlète semés de poils roux. D'une incapacité
notoire dont il avait l'âpre conscience, il la ra-
chetait par un absolutisme outré de brute entê-
tée et despote, rendant des arrêts sans appel et
imposant à ses malades le culte de ses ordon-
nances. La cravate de l'homme au furoncle
cingla ainsi que d'un soufflet sa susceptibilité
chatouilleuse de cancre ; et une chose qui le mit
hors de lui tout à fait, fut l'intervention, révélée
par Lagrappe, du maréchal des logis de garde.
Il pensa étrangler du coup.

Ironique et exaspéré :

— Le maréchal des logis de garde ! braillat-
t-il, le maréchal des logis de garde ! Eh ! foutre !
qui est-ce ici qui donne des ordres aux malades ? Est-ce moi ou le maréchal des logis de
garde ? Tu seras satisfait, peut-être, le jour où
tu auras attrapé un anthrax, et c'est au maréchal des logis de garde que tu iras demander
de te poser des compresses ? Bougre de rossi-
gnol à glands ! Rhinocéros à boudin ! Buse !

Et tout à coup :

— Veux-tu bien enlever ça, nom de Dieu !
Veux-tu enlever ça tout de suite !

Lagrappe sortit de cette entrevue dans l'état

d'ahurissement muet d'un homme qu'une main
malfaisante aurait poussé, tout habillé, sous une
douche. A la fin, tout de même, il se remit, et,
la cravate dans la poche, il se rendit à la mu-
sique. Là, autour du tout Bar-le-Comte papo-
tant et endimanché, qui coquettait sous la soie
tendue des ombrelles, c'était le cordon multico-
lore des pauvres soldats sans le sou, des chasseurs et des cuirassiers venus pour tuer leur
dimanche, voir *membrer* la section hors rang,
décupler la saveur de leur indépendance du
spectacle réjouissant de la servitude des autres.
Débrouillard, expert comme pas un dans le bel
art de jouer de l'épaule et de s'ouvrir la route
à petites poussées lentes, le bon Lagrappe eut
tôt fait de se faufiler au premier rang. Justement on jouait la marche du *Prophète*, en sorte
qu'il s'égayait fort, marquant la mesure du
bout de sa botte et faisant des parties de trom-
bonne à bouche close. Une voix qui le héla dans
le dos : « Pst! Chasseur! » le fit retourner d'une
seule pièce, et il resta pétrifié, sa belle humeur
rasée comme avec une faux, à reconnaître le
colonel, qui fumait un cigare énorme, dans un
petit cercle d'officiers.

Le colonel dit :

— Regardez-moi donc, je vous prie. Eh ! c'est
bien ce qu'il me semblait, parbleu ! vous n'avez
pas votre cravate.

Depuis bientôt vingt-cinq mois qu'il comptait
à l'escadron, Lagrappe, pour la première fois,
allait parler au colonel, et cet immense événement lui coupait net bras et jambes. Il fut sans
un souffle, le pauvre. Simplement il hocha la
tête de haut en bas, en même temps précipitamment, il tirait de sa poche sa cravate. Ce
rien déchaîna une trombe. Ne doutant plus que
le soldat eût voulu faire l'imbécile, s'aérer le
cou à cause de la grande chaleur, le colonel
avait tourné au vert, et c'était à lui, maintenant
de brailler et de nondedieuser à gueule-que-
veux-tu, s'abattant des claques sur les cuisses,
prenant ses officiers consternés à témoins, et
demandant où on allait, si, dans les garnisons
de l'Est, les soldats se mettaient à sortir sans
cravate !

Il conclut :

— Remettez votre cravate.

Lagrappe éperdu, obéit.

— Demi-tour !

Lagrappe exécuta le mouvement, montrant
maintenant à l'officier son dos couleur de beau

temps, où s'élançaient des soutaches noires, en fusées.

— Rompez! rentrez au quartier de ce pas. Vous vous ferez porter pour quinze jours de salle-police à la pancarte des consignés.

III

Lagrappe rentra à la caserne juste comme le

médecin-major, ayant achevé son trompette,
en sortait.

Celui-ci eut un mot, un seul :

— Encore !...

C'en était trop, aussi. Le sang le conges-
tionna.

— Alors, c'est un parti pris ? Nom de Dieu !

celle-là est forte ! Tu auras quinze jours de salle
de police pour t'apprendre à te foutre de moi !

— Et puis, reviens-y, à la visite !...

Lagrappe voulut se justifier, évoquer la
grande ombre du colonel, mais ce lui fut peau
de balle pour placer une syllabe, buté aux
« Veux-tu me foutre la paix ! » du docteur.

Sous la voûte aux échos sonores de la caserne, les éclats de voix de ce dernier tonnaient comme des coups de canon.

Il dut y renoncer.

Le soir même, il descendit au lazaro. Et quand il eut tiré quinze jours pour avoir enlevé sa cravate, il en tira quinze autres pour l'avoir conservée.

LIDOIRE ET LA BISCOTTE

A Armand Silvestre.

13

LIDOIRE ET LA BISCOTTE

I

Fraternité des humbles! Fraternité des simples! Fraternité des soldats!

Lidoire l'avait bien prévu que son voisin de chambre, La Biscotte, rentrerait plus saoul à lui seul que tout un régiment de bourriques polonaises. Chaque fois qu'il avait obtenu une permission de théâtre, La Biscotte, c'était une affaire entendue, rentrait saoul, mais saoul!... d'une saoulerie immonde qui le tenait huit jours hébété, dormant debout, avec des yeux couleur faïence d'où le regard était parti. Or, ayant, le jour où je parle, obtenu au rapport sa permission de minuit, il n'était pas à discuter que le gaillard dût rentrer saoul — ce que hautement avait proclamé Lidoire, grognon et goguenard à la fois, tout en laissant tomber au hasard de son lit, dont il avait rabattu le couvrepied et désemprisonné le traversin, le pesant coup de poing qui creuse.

Ça ne rata pas. Le quart après minuit sonnait quand une voix lugubre, lamentable, qui gémissait : « Lidouère, Lidouère !... » vint troubler le calme profond de la chambrée endormie.

Lidoire sommeillait en gendarme.

Il se dressa :

— Quoi qu'y a ! C'est y toué, La Biscotte ?

C'était La Biscotte en effet, ivre à rouler, à ce point qu'il ne trouvait plus son lit et qu'il demeurait, hésitant, dans l'encadrement de la porte. Sur le bain lumineux d'une lune d'hiver qui noyait derrière son dos la cour immense du quartier de cavalerie, son shako se détachait en noir, et aussi ses larges épaules.

Ayant pris un temps :

— Oui, dit-il.

Puis, d'une voix empêtrée d'épaisse colle de pâte :

— Mon pau'ieux,... s'suis saoul comme eun' vache.

— T'es cor' plein ! s'exclama Lidoire avec une fausse indignation. Ben ! viens te coucher pis c'est que c'est ça.

La Biscotte répondit :

— ... S'sais pas comment q'ça se fait... m'rappelle pas où qu'est mon poussier... Où qu'il est mon poussier... Lidouère ?

La clarté vive du dehors le montrait tout secoué d'ivresse ; ses longs bras angoissés, cramponnés aux montants de la porte.

— Bon Dieu ! fit Lidoire simplement.

Il sauta du lit, vint au secours de cette pitoyable détresse :

— Allons, arrive !

Il l'avait saisi à la main. En les ténèbres de la chambre ils s'enfoncèrent, l'un remorquant l'autre. L'ivrogne, à chaque pas, butait; de ses bottes et de son bancal il battait au passage le fer des couchettes. Et il répétait : « S'suis t'y saoul !... s'suis t'y saoul, bonsoir de bonsoir ! »

avec, dans le dire, une nuance de constatation
satisfaite et admirative. Visiblement il s'éton-
nait d'avoir pu pousser la saoulerie à un tel
degré de perfection. Pourtant quand il fut à son
lit et que Lidoire, recouché, l'eut abandonné à
lui-même, il devint plus muet qu'un poteau,
et plus raide, planté sur ses pattes et regardant
tourbillonner l'ombre, comme une brute. Deux
minutes s'écoulèrent ainsi, mystérieuses et
interminables. Lidoire, à la fin, s'inquiéta. Il
évolua violemment sur le flanc et il demanda :

— Hé bé, quoi? Quéq'tu fous là à rien fout'?

— ... Mon'ieux, dit La Biscotte... s'sais pas
comment q'ça se fait... s'peux pas ertirer ma
culbute...

Ébahi :

— En y'là une affaire! A c't'heure ici, reprit
Lidoire, tu peux pus te déculotter?

— Non, mon'ieux.

— Hé bé, y a du bon.

Ce fut tout.

De nouveau, il repoussa ses draps, et en
chemise, à tâtons, bourru et maternel, il commença de déshabiller son ami, débouclant le
ceinturon, tirant sur la culotte, accouplant les
bottes sous le lit.

— Mets tes fesses là, vieux farceur, que je
t'enlève tes sous-pieds.

Il ne s'aigrissait pas, il jugeait naturel de
sacrifier ainsi son somme et son repos à un
copain dans le malheur. Même il s'égayait sour-
dement, car l'autre s'extasiait toujours, s'abî-
mait en la même ritournelle, sempiternellement
rabâchée parmi la boue grasse de la cuite :

— ... S'suis t'y saoul!... s'suis t'y assez saoul!...

Il ne goûta une paix tranquille que lorsqu'il
eut, de ses propres mains, bordé sur les flancs
du pochard, — ces flancs travaillés de hoquets,
— la couverture d'ordonnance. Alors, seulement
alors, il songea que le froid le mordait aux
jambes comme un dogue, et précipitamment il
les restitua à la moiteur tiède de ses toiles,
tandis que La Biscotte, pénétré de gratitude,
larmoyait :

— ... Merci bien, Lidouère..., te r'mercie
beaucoup... merci bien... T'sais, mon'ieux, se
me le rappellerai, qu'est-ce que tu as fait pour
moi...; se me le rappellerai toute ma vie;...
q't'es venu me sercher à la porte,... q'tu m'as
ertiré mon sako, mon falzar et mes tartines...,
q'tu m'as fourré au pieu kif-kif eun'maman...
Pour sûr que s'me le rappellerai...

Il sanglotait.

Tout se tut, enfin. Au loin, l'horloge du quartier annonça la demie de minuit. Soudain, dans le silence peuplé de ronflements :

— Lidouère ! appela La Biscotte.

Des dessous de sa couverture, qu'il avait ramenée jusque sur sa moustache et d'où n'émergeait plus maintenant que la brosse âpre de son crâne, la voix de Lidoire monta, demandant :

— Quoi qu' c'est qu'il a fait ?

— ... Évie d'pisser, dit La Biscotte.

Lidoire riposta :

— ... T'as évie d'pisser ? Hé bé, va pisser, parbleu !

C'était bien simple.

Le camarade n'en insista pas moins, geignant éperdu :

— ... S'peux pas m' bouzer, mon'ieux.... sais pas comment qu'ça se fait,... faut croire que s'suis trop saoul... Va-moi m'ner pisser, s'il te plaît.

Une seconde, — oh! pas davantage ! — le bon Lidoire balança, partagé entre le sentiment de bien-être et l'appel impérieux du devoir. Ce fut le devoir qui l'emporta. Déjà ses pieds nus

foulaient le sol. Il avait empoigné La Biscotte à
bras-le-corps et il l'arrachait à son lit :

— Aide-toi donc un peu, cré bon sort!

Jusqu'au baquet de nécessité qui montait la

garde à la porte, il dut le transporter de force.
Il répétait, apitoyé :

— Hébé, t'eun n'as une! t'eun n'as une!...
Tu s'ras frais, ed'main, pou' monter à cheval, fé
la corvée et la manœuvre!

Mais La Biscotte, lui, ne savait plus; à son
éternel « s'suis t'y saoul! » désormais l'univers
entier se limitait. Sur ses jambes, où coulait
de l'ouate, son buste oscillait, cassé, ballotté de

14

tribord à bâbord. Une lueur vague, venue des hautes croisées de la chambre, montrait l'enlacement confus des deux soldats, la masse livide de leurs deux chemises promenées à travers la nuit...

II

Quand La Biscotte, sans s'être au juste rendu
compte comment la chose s'était faite, se retrouva au chaud, soulagé, et l'oreille dans le
traversin, il repartit à pleurnicher. Ému, jusqu'à l'âme cette fois, convaincu de son infamie,
il entama le chapitre des remords et le pro-
longea à l'infini, ravalant ses sanglots, se trai-
tant de sale cochon, disant qu'il souhaitait être
mort et qu'il déshonorait l'armée : toutes choses
qu'il entremêlait de rots sonores, lesquels, dans
le silence, roulaient comme des camions. Si
bien que, l'entendant lutter contre ses draps et
dire qu'il voulait aller au magasin rendre à
l'officier d'habillement son galon de premier
soldat, Lidoire faillit perdre patience.

— Bon Dieu d'nom de Dieu, demanda-t-il, vas-

tu m' fiche la paix, La Biscotte, ou c'est t'y q'tu
vas pas pioncer?

La Biscotte, consterné, se tut ; cinq minutes
il pleura sans bruit. Mais à la même minute où
l'autre, comptant enfin avoir la paix, se déci-
dait à refermer l'œil :

— Lidouère! appela l'organe désolé, Lidouère!
Calme, Lidoire dit :

— C' qu'y a cor ?

— Évie d' scier, dit La Biscotte.

Ceci fit bondir Lidoire qui répéta, ironique :

— Évie d' scier! v'là q' t'as évie d' scier, à
c't' heure! Tu pouvais pas l'dire pus tôt! Faut
que j'me r'lève moi, maintenant!

Il jouait l'exaspération, se jetait les bras sur
la poitrine. La vérité était qu'il demeurait sans
fiel, indulgent à tant d'exigence, et désarmé
devant cet excès de confiance, indiscret et in-
génu. Le désespoir bruyant de l'ivrogne fit le
reste. Criant : « Tais-toi donc, eh fourneau! Tu
vas réveiller l' brigadier! » il se releva, il se
releva, il se releva encore !...

La même clarté louche du dehors, qui les
avait montrés déjà, les remontra flottant par
l'ombre de la chambre : Lidoire raidi, La Biscotte plus saoul que jamais et n'avançant plus

que par saccades, avec des mouvements d'au-
tomate détraqué, les courbettes brusques d'un
monsieur qui va perdre son torse en chemin.
Le brigadier se venait d'éveiller en effet, et

silencieux, intrigué, il regardait sans comprendre. Un moment, par la porte ouverte, on vit
un groupe extraordinaire : deux êtres, dont l'un
soutenait l'autre accroupi et le harponnait aux
poignets comme pour l'amener à soi, contrariant
ainsi les lois de la pesanteur...

Et lorsque tout eut été dit, qu'après avoir

éclairé leur aller, la lueur indécise du dehors
eut éclairé leur retour et que le triste La Biscotte, soulagé de tous les côtés, se vit encore
une fois rendu à son « poussier » :

— Lidouère !... cria-t-il, Lidouère !...

Celui-ci avait cru à un repos bien gagné.

Il demanda pourtant :

— Et puis ?

— ... S'suis malade, dit La Biscotte... Évie
d' dégueuler, mon pau' ieux...

Lidoire eut un haussement d'épaules ; et,
tranquillement, rejetant au loin ses couvertures :

— Bon Dieu ! fit-il, c'que t'es canulant quand
t'es saoul !...

LES TÊTES DE BOIS

A H. Roche.

LES TÊTES DE BOIS

— Quand Bois mourut, m'expliqua Venderague, c'est moi que je fus désigné de corvée
pour aller, avec le chef, le reconnaître à l'hôpital, à cause que nous étions pays, nés le
même mois, au même patelin, ousque nous
restions censément porte à porte, loin comme
qui dirait d'ici au magasin d'habillement. C'est
bon, nous partons, le chef et moi, nous rappli-
quons à l'hôpital. Il y avait là tous les tire-au-

15

flanc de l'escadron, Faës, Lagrappe, Vergisson,
exétéra, exétéra. Tous ces bougres-là se fichaient
de ça ; ils fumaient leurs pipes au soleil, avec
des capotes de réforme, des pantalons de pro-
priétaires, est-ce que je sais ! Bon, ça ne fait
rien, nous arrivons dans une espèce de sale
truc, grand à peu près comme v'là la chambre,
seulement pas t't à fait aussi haut. C'est ça que
ça puait ! Oh ! là là, mon pauv' vieux ! Tiens,
pire encore que la salle des visites !

« Le chef soulève son shako :

« — Messieurs et dames, salut ! qu'y dit, —
parce que faut te dire qu'y avait là l'infirmier
et la sœur des militaires.

« — Tiens, vous v'là, chef ! que fait l'infirmier, et comment qu' ça va, c't' heure ici ?

« — Mais, ça boulotte, que dit le chef. Nous
venons, c't homme-là et moi, pour reconnaître
el' chasseur Bois, qu'est mort hier d'une mer-
ningite.

« — Parfait, que dit l'autre ; t'nez, le v'là.

« Il était d'jà dans l' sapin, c' bougre-là : un
bath sapin, oui, j' t'en fous ! Quat' planches et
pis un couverque, ça fait le compte. Bon, l'infirmier ôte el' couverque, rabat l' drap, et
mouche la chandelle.

« — Ah ! ah ! que fait le chef, le voilà, l' négo-
ciant ! Eh ben, c'est parfait, allez-y, vous pouvez
fermer la boîte.

« — Là-dessus, je r'garde et qu'est-ce que
j' vois ? J' vois que je r'connais pas mon Bois !
Tu penses si je m' fous à gueuler :

« — Au temps, l' mouvement est faux ! C'est
pas la tête de Bois !

« — Quoi, que dit le chef, c'est pas la tête de
Bois ?

« — Non, j' dis, c'est pas la tête de Bois !

« — C'est-y qu' t'es maboul ? dit l' chef.

« — J' suis pas maboul, que je réponds. J' connais Bois pour un coup, pas vrai, et j' pense pas
qu' ce soye pour la peau que nous avons fait
nos classes ensemble et qu'il a été mon voisin
à la chambre pendant au moins pus d' dix-huit
mois.

« — Tout ça, que dit le chef, c'est pas des
raisons, et je te dis que c'est la tête de Bois.

« — Non, que je dis.

« — Si ! que dit le chef.

« — Je vous dis que non !

« — Je te dis que si !

« — Je vous dis que non !

« — Je te dis que si !

« Enfin comme ça pendant une heure, et qu'à la fin le chef voulait m' fout' dedans, en disant que je commençais à l'embêter.

« — Tout d' même, ça se pourrait des fois que cet homme-là aye raison, dit l'infirmier qui ne disait rien ; attendu qu'il n'n'est mort trois à ce matin : Bois, un gendarme et un caporal du 94°. Alors, comme on leur z'y a tranché le cou à tous trois pour faire des espériences, je ne dis pas qu'on ne s'aura pas fichu dedans et qu'on n'aura pas mis à Bois la tête du caporal, au caporal la tête du gendarme et au gendarme la tête de Bois.

« Là-dessus, mon vieux, v'là l' chef, qui se met à crier :

« — Oui, oui, c'est sûr qu'on s'a trompé! C'est pas la tête de Bois ! C'est pas la tête de Bois !

« Crois-tu, hein, ce sale mufle-là ! N'importe, ça ne fait rien, tu vas voir. Donc, voilà l'infirmier qui prend la tête de Bois et qui se trotte dans la pièce à côté.

« Je dis au chef :

« — C'est tout de même un peu fort, que, dans ce cochon de métier-là, on n'est s'ment pas maître de sa peau pour une bonne fois qu'on est claqué.

« Et, de fait, tu diras tout ce que tu voudras, y a de quoi se flanquer en colère. Enfin, c'est comme ça, c'est comme ça. Pour t'en finir, voilà l'infirmier qui reparaît et qui applique une autre tête sur les épaules du camarade, dont le chef se fiche à beugler :

« — La v'là, à c'te fois, j' le reconnais, j' le reconnais !

« J' m'approche, je regarde ; ouat ! rien du tout !

« — Ah çà ! que j' fais, ça devient dégoûtant, à la fin ! C'est encore pas la tête de Bois !

« V'là t'y pas le chef qui s'emballe :

« — Nom de Dieu de nom de Dieu ! qu'y dit, est-ce que tu te figures comme ça que nous allons coucher ici ? En v'là assez avec la tête de Bois ; allez, rompez ! coucheras à la boîte, ce soir !

« — Mais, que je dis, pisque c'est pas lui !

« — Si, si, qu'y fait, c'est très bien lui ; tu ne le reconnais pas à cause de sa barbe, mais je suis aussi sûr que c'est la tête de Bois, comme nous voilà, toi et moi, en ce moment.

« — Écoutez, chef, que je fais alorss ; je vas vous dire une bonne chose. Bois avait, de son vivant, un petit pois derrière l'oreille ; r'gardez voir un peu si y est.

« — C'est bien, que dit l' chef, monsieur va r'garder, mais, j' t'avertis que si y est, t'y couperas pas de tes huit jours.

« — C'est bon, on retrousse l'oreille de Bois, et, comme de jus' pas plus de p'tit pois que sur ma main. Je regarde le chef, en rigolant. Mon vieux, tu crois p't-être qui s'épate? Je t'en fiche; y prend un air digne, toise l'infirmier du haut en bas, et te l'engueule comme un pied, disant que c'était s' fiche du pape que de couper la tête des morts et de ne pas la r'trouver après, que les soldats n'étaient pas de la charcuterie; qu'on traitait les chiens mieux que ça; enfin, un boniment à ne pas s'y reconnaître. La sœur en rotait!

« Bref, l'infirmier reprend la tête de Bois, qui n'était pas la tête de Bois, s'en va avec, et revient avec une autre tête.

« Crois-tu bien que, c'te fois-là, l' chef dit qu'y n' la reconnaît pas?

« — Ah! pour le coup, qu'y fait, c'est pas la tête de Bois!

« L'infirmier se fout à rogner, naturellement:

« — Comment, qu'y dit, vous osez dire ça! Eh ben, vrai, vous la connaissez, vous encore,

pour reconnaître vot' monde! Je vous en fais
mon compliment!

« Mais le chef s'en fichait pas mal, il beuglait :

« — Foutez-moi la paix! Vous êtes une

couenne et une moule! C'est pas la tête de Bois,
c'est pas la tête de Bois !

« Tout ça pour faire l'entendu, tu vois l' coup.
Heureusement, y avait l' petit pois.

« — Hé, que je fais, fait' donc pas tant d' foin.
Retroussez-y plutôt l'oreille, vous verrez bien
si l' pois y est.

« Ça ne rate pas, parbleu, il y était !

« — Tiens, que dit l' chef, c'est pourtant vrai ; t'es pas la moitié d'une bête. Allons, c'est bon, vous pouvez refermer. Voilà une bonne corvée de faite. Messieurs et dames, bien le bonjour. »

— Le lendemain on enterra Bois. Tout l'escadron était là, le lieutenant-colonel en tête ; c'était chic, oh ! c'était très chic ; mais ça ne fait rien, c'est un peu raide de penser que si j'avais pas été là, on enterrait carrément l' pauv' cochon avec la tête d'un salaud.

LA SOUPE

I

Le régiment, depuis une semaine, était abruti de punition : après les deux jours du brigadier, les quatre jours du maréchal des logis, puis la huitaine du sous-lieutenant, et comme ça jusqu'au major. Le colonel, le dimanche suivant, passait la revue dans les chambres, et cet événement considérable a généralement pour effet de faire tomber les jours de boîte sur l'escadron comme la pauvreté sur le monde. Si bien que,

du matin au soir, c'était un concert continu de
juremenls, de vociférations, d'invectives de
toutes couleurs, de menaces faites et réalisées.

Or, un soir, comme, en leurs chambres res-
pectives, les hommes procédaient à l'épluchage
des pommes de terre, rangés en cercle, autour
d'un baquet à demi plein déjà et où les pommes
tombaient de leurs doigts, une à une, avec le
bruit sec d'une grêle, Faës dit tout à coup, avec
un petit rire malin :

— Eh bé! dis donc La Guillaumette, toi qui
r'nacles tant sur la soupe, v'là l' coup pour et'
plaindre au colon.

Toute la chambre ricana. La Guillaumette
qui s'était mis au lit et qui, les deux mains sous
la tête, suivait le travail des camarades, dit
tranquillement :

— Pourquoi que j'y dirais pas, au colon? C'est
t'y toi qui m'en empêcheras?

— De fait, fit l'un des cavaliers, que la soupe
n' vaut pas un clou. J' sais pas qu'est-ce qu'ils
fichent dedans, mais ça doit pour sûr être
quéq'ue chose comme les vieilles basanes du
brig'four.

— Quien, pardi! ajouta Faës, je n'n' ai cor
trouvé un morceau à c' matin.

Et tous les hommes firent chorus pour décla-
rer la gamelle impossible et jurer contre le *fricoteur* de cuisinier qu'il faudrait, profitant de la
revue, dénoncer au colonel.

— Quante j' vous dis que j'y dirai, fit de son
lit, La Guillaumette.

Mais Faës haussa les épaules :

— T'y diras *peaudezébie*, v'là tout c' que t'y
diras.

— J'y dirai peaudezébie! cria La Guillaumette furieux et en se soulevant sur les mains.

Et pourquoi donc j'y dirais peaudezébie? Est-ce
que tu me prends pour un sale chouan comme
toi?.... Je suis de *la Villetous*, mon vieux, tu
sauras ça.

— Tu crois q'ça me touche? dit le chouan.

— Que ça te touche ou non, c'est kif-kif,
entends-tu? Maintenant, quand j'ai dit une
chose, je la fais! Pour lors que j'ferai du foin
dimanche, et que l' colon n'y coupera pas.
D'abord, quoi, il n'est pas mauvais bougre,
l' colon.

— Ça, c'est vrai, firent plusieurs voix; dis-y,
La Guillaumette, dis-y!

— Certainement q' j'y dirai, conclut La Guillaumette.

Et, subitement calmé, il exposa son plan,
expliqua qu'étant sûr de parler le premier, vu
sa place près de la porte, il dévoilerait le pot
aux roses, la qualité de la gamelle, les tripo-
tages du fourrier et du brigadier d'ordinaire
avec les marchands de la ville, etc., etc., laissant seulement aux autres le soin de le sou-
tenir. Les hommes, pour mieux écouter, s'étaient
groupés autour du lit, en bras de chemise, les
mains noires, les basanes retroussées au-dessus
des sabots.

Tout à coup, une clameur s'éleva :

— As pas peur, va, La Guillaumette, on te te soutiendra, nom de nom! en v'là assez comme ça, de la viande pourrie. On nous prend trop pour des cochons !... Dis-y, La Guillaumette, dis-y !

Et la mélancolique extinction des feux parvint seule à remettre un peu de calme dans l'enthousiasme bruyant de la chambrée.

II

Le jour de la revue arriva.

Depuis quatre heures du matin, les hommes lavaient le plancher à grande eau, grattaient la planche à pain du bout de leurs couteaux, enduisaient de cirage les pieds de lit, et récuraient au tripoli les gourmettes des shakos et les coquilles de sabre. Toutes les cinq minutes, dans un vacarme de portes qui battent et retombent, des sous-officiers entraient, suant, hurlant, jurant des sacré nom de Dieu et accablant de jours de boîte le malheureux homme de chambre qui, ne sachant plus auquel entendre, galopait comme un affolé, dans les criailleries continuelles de : « L'homme de chambre, à l'eau ! L'homme de chambre, au cirage ! L'homme de chambre, au coup de balai ! »

Bref, à midi, tout était achevé, et les cavaliers
en veste d'écurie, les basanes claires comme
des glaces, attendaient, debout au pied de leurs
lits. A deux heures, le brigadier, en sentinelle
sur le seuil de la porte, cria enfin :

— A vos rangs ! Fixe !

Il se fit un silence profond, tandis que, d'un
seul mouvement, tous les hommes se décou-
vraient. Le colonel parut, escorté d'une ribam-
belle d'officiers chamarrés de croix et de galons.

Il inspecta d'abord toute la salle d'un coup
d'œil, puis, apparemment satisfait de la tenue
de ses cavaliers, il s'approcha de La Guillaumette. Il commença par lui tirailler un à un les
boutons de sa veste bleue pour se convaincre
de leur solidité, s'assura ensuite *de visu* que le
pantalon qu'il portait était bien maintenu à
l'aide de bretelles, et, ceci fait, lui dit sur un
ton jovial :

— Eh bien, mon brave, vous plaisez-vous
au régiment ?... Avez-vous une réclamation à
m'adresser ?

— Mon colonel, dit simplement La Guillaumette, j'ai à vous dire que la soupe ne vaut
rien.

17

— La soupe ne vaut rien !... s'exclama le colonel.

— Non, mon colonel, rien du tout, y a que du déchet, du suif et de l'os. Le cuisinier est un fricoteur. Voilà tout ce que j'ai à dire.

Les hommes, toujours immobiles, l'œil fixe, les bras tombant, semblaient n'avoir pas entendu.

— Ah vraiment ! fit le colonel, qui se tourna vers le fourrier.

— Eh bien, fit-il, vous entendez, voilà un homme qui se plaint. La nourriture n'est pas bonne, paraît-il ?

Le fourrier changea de couleur et hasarda :

— Mon colonel...

— C'est bon, cria celui-ci, nous viderons cette question tout à l'heure. — Quant à vous, mon garçon (et il frappa amicalement sur l'épaule de La Guillaumette), vous avez bien fait de me prévenir. A partir de demain, la soupe sera meilleure ; vous pouvez y compter, c'est moi qui vous le dis.

Il était remonté de quelques pas, silencieux, mordillant, du bout de ses dents brûlées, le retour de ses longues moustaches couleur de foin.

Brusquement, il exécuta un quart de cercle
et se planta droit devant Faës.

— Comme ça, demanda-t-il d'une voix brève,
la soupe ne vaut rien, ici ?

L'homme, bouleversé, devint blanc comme

un linge, et, l'œil fixé sur le plancher, d'une
voix à peine perceptible, répondit :

— Si, mon colonel.

Le colonel tressauta :

— Comment, si ? Mais voilà votre camarade
qui prétend justement le contraire !

Faës se tut.

Le colonel reprit :

— Voyons, ne vous troublez pas ; qu'est-ce que vous pensez de la gamelle ?

— Elle est bonne, mon colonel.

— Vous la trouvez bonne, réellement ?

— Oui, mon colonel.

— Bon. Et vous ?

Celui auquel s'adressait cette question eut un moment d'hésitation, puis balbutia :

— Mais... elle est... bonne.

— Parfait. Et vous là-bas, le gros rouge ?

Le gros rouge, qui depuis longtemps convoitait les galons de cavalier de première classe, répondit immédiatement :

— Mon colonel, la soupe est excellente.

Le colonel, cette fois, se tut ; mais revenant vers La Guillaumette :

— Ah çà ! qu'est-ce que vous me chantez, vous ?

— Mon colonel...

— Quoi ? Qu'est-ce que c'est ? Vous répliquez maintenant !

— Mais...

— Voulez-vous bien me foutre la paix ! Vous êtes une forte tête, à ce que je vois ; vous voulez

faire de la rouspétance. Vous tombez bien.
Mar'chal d' logis de semaine, vous me foutrez
quinze jours de boîte à cet homme-là !

Et voilà comment, au 51ᵉ chasseurs, la gamelle qui ne valait rien, valut pourtant quinze
jours de prison au complaisant La Guillaumette.

JE M'EN FOUS!

A Émile Delfaux.

JE M'EN FOUS !

I

On connaît la question posée un jour par un général inspecteur, au colonel du régiment qu'il visitait :

— Dites-moi, colonel, vous veillez à la propreté de vos hommes, j'aime à croire ?

— Mon général, fit le colonel, j'y apporte les plus grands soins. Mes hommes se lavent à grande eau tous les jours.

18

— Et ils s'essuient avec leurs draps de lit,
sans doute ?

— Oh! mon général, jamais!

— Comment, jamais! dit le général très sur-
pris ; vous touchez donc des serviettes?

Le colonel répondit tranquillement :

— Pardonnez-moi, mon général, nous ne
touchons pas de serviettes.

Cette anecdote est trop invraisemblable pour
n'être point rigoureusement vraie. Obliger les
hommes à se laver et ne leur point donner de
serviette, toute l'ânerie militaire est là, et nul
n'aura vécu l'existence de caserne qui ne sa-
luera point au passage la réponse du colonel,
à l'instar d'une vieille connaissance.

Par bonheur, tenu de cirer jusqu'à la semelle
de ses bottes et de faire disparaître, à grand
renfort de grès, la moindre piqûre de rouille
demeurée à son éperon, le militaire, pour l'ha-
bitude, n'est astreint à la propreté que dans les
proportions qu'il se dicte lui-même. Rien ne
l'oblige, bien qu'en dise le colonel de l'histoire,
à se tremper le visage dans l'eau durant les cinq
années que dure son congé, et cette circonstance
simplifie quelque peu la soi-disant nécessité où
on le place d'avoir à se laver sans serviette.

Du reste, le jour où le pauvre diable, mis en
demeure de se rincer le cou, s'enhardirait au
point de poser à son chef l'audacieuse demande :
« Avec quoi m'essuierai-je? » il aurait des chances
sérieuses de s'entendre jeter au nez ce sempi-

ternel : « Je m'en fous ! » qui constitue, au
régiment, le dernier mot de l'argument sans
réplique, ce « je m'en fous », devant lequel
toute difficulté s'aplanit, toute discussion se
clôt, toute question se tranche : « Je m'en fous !
Je m'en fous ! Je m'en fous ! »

— L'homme de chambre, un coup de balai !

— Pas de balai.

— Je m'en fous! La chambre n'est pas propre, vous serez consigné quatre jours.

— L'homme de chambre, à l'eau!

— Pas de cruche.

— Je m'en fous! Le plancher est sec, vous coucherez à la boîte ce soir.

— L'homme de chambre, un coup de torchon!

— Pas de serviette.

— Je m'en fous! La table est mouillée, vous aurez deux jours sall' police.

Et voilà comme, au régiment plus qu'en nul autre lieu du monde, « impossible » n'est pas français.

II

Le sous-officier de semaine ouvrit d'une poussée la porte de la chambre, lança de toutes ses forces : « Au trot ! Un homme de corvée, au fourrage ; pantalon de treillis et blouse ! » et disparut, toujours courant.

Dans la chambre, on ne s'émut pas ; c'est à peine s'il y en eut un qui leva le nez ; les hommes, tout aux préparatifs de la revue de linge et chaussures annoncée pour l'après-midi, parurent n'avoir rien entendu, astiquant, de leurs curettes de bois, les molettes de leurs éperons, et cirant sur leurs mains les lourds pantalons de cuir pendus aux angles de la planche à pain.

— Eh ben, demanda le brigadier, qui c'est qui s'décide, à c't' heure ?

Quelques ricanements s'élevèrent, mêlés de

blagues. Un loustic sonna au brigadier de semaine :

Comment trouv' tu l' métier,
Brigadier,
Comment trouv' tu l' métier ?

Et ce fut tout.

Le brigadier reprit :

— C'est-y qu' personne ne s' dévoue ?

— Non, fit simplement Lagrappe, très occupé
pour le moment à carrer mathématiquement le
pied de son lit; tu repasseras demain, mon
vieux.

Le brigadier eut un haussement d'épaules,
puis, après un instant de silence pendant lequel
ses regards coururent d'un lit à l'autre, quêtant
vainement un peu de bonne volonté :

— Voyons, Faës, fit-il doucement, vas-y,
puisque tu ne fais *ren*.

Faës, étendu sur le dos, fumait sa pipe avec
des airs de sybarite. A l'appel de son nom, il se
souleva du bras et, d'un ton d'extrême surprise, demanda :

— C'est à moi que tu parles ?

— A qui qu' tu veux qu' ce soit? fit l'autre.

— Eh ben, mon colon, dit Faës, faut croire
que c'est l' monde ertourné, pisque c'est les

hommes ed' la classe qui sont commandés de fourrage durant que les bleus n'en fichent pas une secousse. A c't' heure, j'astique ma plaque

de couche et c'est cor' pas toi, qui m' feras lever.

Le brigadier perdit patience :

— Nom de nom ! c'est ty à qu' c'est qu' c'est que j' vas faire la corvée moi-même ? Tout ça commence à m'embêter ; il m' faut un homme

de corvée, j' sors pas de là ; arrangez-vous
comme vous voudrez.

— Eh bien, commande un bleu, répliqua
Faës; y sont là pour un coup, pas vrai?

Et il retomba sur son lit.

Cependant dans le clan des *bleus* des mur-
mures s'étaient élevés :

— Encore les bleus!

— On ne nous fichera pas la paix, donc, à la
fin !

— Assez, la classe! Tous feignants!

— On se fiche de nous, c'est sûr.

— Silence ! commanda le brigadier.

Puis s'approchant d'un bon bougre, qui était
resté sans parler, matriculant ses caleçons au
fil rouge :

— Allons, Venderague, debout; mettez-vous
en tenue, mon garçon.

— Moi ? fit le soldat; mais je peux pas. J'ai
mon truc à matriculer pour à c' soir; si c'est
pas fait, j' ramasserai d' la boîte !

— Je m'en fous! dit le brigadier.

— Mais...

— Vous aurez deux jours sall' police! Fichez-
moi le camp au fourrage, et au trot! En voilà
encore un client !

Venderague, convaincu, rangea son fil et son aiguille, tira délicatement sa blouse d'écurie, étroitement pressée dans la charge, entre le pantalon de cheval et le dolman, se l'appliqua sur le dos, et sortit. A peine avait-il fait trois pas, qu'une main lui tomba sur l'épaule.

— Où diable courez-vous si vite? demanda le fourrier de l'escadron.

— A la corvée de fourrage, dit l'autre.

— Ah bah! dans cette tenue?

— Mais, dame!

— Mon brave, dit tranquillement le fourrier, vous coucherez à la boîte ce soir; on ne fait pas le fourrage en tenue de prison.

Venderague poussa les hauts cris :

— Est-ce que je sais, moi! C'est l'ordre du brigadier de semaine!

— Je m'en fous! répliqua le sous-off. Allez-moi mettre votre veste.

Venderague rentra à la chambre, jurant comme un palefrenier, flanquant toute sa charge en l'air, cherchant dans tous les coins sa veste disparue. Dans la cour, le trompette de garde sonnait la distribution.

— Dépêchez-vous donc, Venderague, dit

complaisamment le brigadier, vous allez vous faire fiche au bloc.

Venderague, affolé, cherchait :

— Voilà que j'ai perdu ma veste, maintenant ! Eh ben, nom de nom, je suis propre ! Ah ! le cochon de métier, bon Dieu !

Enfin, il retrouva sa veste... qu'il avait gardée sous sa blouse. De nouveau, il prit son galop, se lança dans l'escalier, sautant cinq marches à la fois.

Dehors, rangés en file devant le corps de garde, les camarades attendaient.

— Oh hé ! dites donc, Venderague, cria de loin le sous-officier de semaine, faut plus vous gêner, mon brave, nous sommes à votre disposition.

Venderague, essoufflé, se plaça sur le rang.

— Ce n'est pas de ma faute, dit-il, le four...

Mais il n'en put dire davantage.

— Ah çà ! vous v'là en veste, maintenant !

— Quoi, en veste ? dit Venderague.

Le maréchal des logis continua :

— Vous venez au fourrage en tenue de classe ?

— Mais, puisque c'est le fourrier lui-même...

— Je m'en fous ! Vous aurez quatre jours sall'

police. Allez mettre votre blouse, et au trot.
Qu'est-ce qui m'a bâti un pierrot comme ça !

Venderague fut mettre sa blouse.

Il fit deux nuits de lazaro pour le compte du
brigadier, une nuit pour le compte du fourrier;
quatre nuits pour le compte du maréchal des
logis; et, son linge n'étant pas marqué, huit
nuits pour le compte de l'officier de semaine :
en tout, quinze belles et bonnes nuits pour
avoir ponctuellement exécuté les instructions
de ses supérieurs.

L'existence du militaire est pleine de ces
heures charmantes.

TABLE

—

ACHEVÉ D'IMPRIMER

PAR

CHARLES HÉRISSEY, D'ÉVREUX

LE 23 AVRIL 1896

www.ingramcontent.com/pod-product-compliance
Lightning Source LLC
Chambersburg PA
CBHW052359090426
42739CB00011B/2434